雍平 輯注

攷鑑

雍平

古學發微四種

南方傳媒
廣東人民出版社
·廣州·

圖書在版編目（CIP）數據

殷鑑/雍平輯注. —廣州：廣東人民出版社，
2022. 12
（古學發微四種）
ISBN 978 − 7 − 218 − 16290 − 4

Ⅰ. ①殷…　Ⅱ. ①雍…　Ⅲ. ①中國歷史—商代—編年體　Ⅳ. ①K223. 04

中國版本圖書館 CIP 數據核字（2022）第 242277 號

YIN JIAN
殷鑑
雍　平　輯注

出 版 人：蕭風華

出版策劃：鍾永寧
責任編輯：胡藝超
封面設計：瀚文平面設計
責任技編：吴彦斌　周星奎

出版發行：廣東人民出版社
地　　址：廣州市越秀區大沙頭四馬路 10 號（郵政編碼：510199）
電　　話：（020）85716809（總編室）
傳　　真：（020）83289585
網　　址：http://www. gdpph. com
印　　刷：珠海市豪邁實業有限公司
開　　本：787mm × 1092mm　1/32
印　　張：6. 875　　字　　數：360 千
版　　次：2022 年 12 月第 1 版
印　　次：2022 年 12 月第 1 次印刷
定　　價：92. 00 元

作者簡介

雍平（一九五九—　），史學家、古文家、訓詁學家、詩人、辭賦家、書法家。别號右溪，又號溪叟、溪翁、鑒堂居士，廣東興寧人。撰有學術專著《古學發微四種》（包括《殷鑑》《文心雕龍解詁舉隅》《老子帛書異字通訓》《文心發義》）、《小學引端》、《商王事跡契考》、《經史糾擿》。文學作品有《雍子寓言》《廣州塔賦》《韶陽樓記》《風度閣序》《洪荒演義》《右溪詩詞鈔》。

總序

予幼奉庭訓，每聞家君講誦，不敢怠惰，雖役志辭章學問，亟聞學褊隘，少無建樹。冠歲博訪通人，多識耆舊，承服風問，求諸深適，亹亹不已。年逾知非，轉耽學術，不拘牽門户，修己自植，狂臚典籍，考評經傳，漁獵訓詁，尋諸叢殘，凡可作楷槷者，盡爲鈔撮。迺嗣諸子之業，兼會精埒，頗得統緒，因此遒進，著篢漸積。自非胡輂之器，卓異之材，雖未涉上庠，然亦獨闖門逕，不守陳腐之言，不循迂僻之行。晚歲滯跡海隅，持老不衰，復丁乎壯，然脂暝寫，弄筆晨書，卷帙益增。

若夫海陬末學，晚能發聞國故，感喟無已！客歲鄉達羅育淼大雅過存，議決董理著作，薦諸出版。迺存其要者，都爲八卷，曰《古學發微四種》。感荷有關部門及領導重視與支持，感荷廣東人民出版社精心編輯。

公元二〇二二年歲次壬寅仲商雍平撰於廣州花洲右溪草堂

序

雍平先生所撰《殷鑑》，是當代首部編年體殷代史著作。本書一循古本《竹書紀年》體例，在現存古籍及甲骨卜辭中尋繹有關殷商事迹記載，吸取現當代學者特别是「夏商周斷代工程」的研究成果，在此基礎上，對殷代諸王的名號、在位年數及事迹一一作出考證釐定。作者積數年之功，編輯成書。本人認爲，《殷鑑》是一部有學術價值的歷史著作，有出版價值，特予推薦。

中山大學中國古代文獻研究所　陳永正

二〇一四年六月三十日

弁言

夫文王宜鑑於殷，駿命不易，蓋殷鑑不遠，在夏后之世也。嗟夫！玄聖述而不作，信而好古，論次《詩》《書》而存《商頌》《湯誥》，跡可尋繹，事可徵信。其所謂知言之不用，道之不行也。故作《春秋》，上明三王之道，下辨人事之紀。史遷明玄聖之道，作《史記》述往事而思來者，拾遺補蓺，成一家之言。逮觀汲冢竹書，紀載多仍，疏證多歧，難於擇別，無以折衷，惟諸家所釋，頗有譌誤。殷去既古，往事考據闕佚，蓋知治史之難，而見諸於此也矣。洎乎今日，運會遭逢，殷墟出土文物日侈，足資徵象，既得目驗，乃有發明，文獻並在，籀繹舊典，惟肇述造。吾以退食視息之餘，參鏡前修，考諸卜辭銘文，釐正經史，發覆其中。是書一仍竹書，以紀爲體，編次事跡爲經，繫歲時爲緯，書殷商諸王以顯國統，資治爲鑑，定名曰《殷鑑》。

公元二〇一四年歲次甲午鶩蟄雍平撰於右溪草堂

緒　論

我國傳世文獻中有關殷商歷史的紀載較爲有條理和系統的有《竹書紀年》和《史記·殷本紀》，然所載極其疏略，訛誤較多。千百年來，無數學者欲增補其缺載，終因史料缺佚尤甚無法遂願。王國維的《今本竹書紀年疏證》雖有發明，也不足以補其缺。但是，當代對於殷商斷代的研究卻有很大進展，「夏商周斷代工程」這項國家項目成果，爲編撰殷商史提供了較可信的依據。有鑑於此，我編撰了編年體商代史著作《殷鑑》。

《殷鑑》一書，是著者對有關各種材料作了充分考證獨力完成的史學著作，撰寫過程困難重重，主要是殷商王朝距今時間相隔太遠，往事可資考據的材料非常少，加之出土甲骨文的考釋異説紛紜，很多考釋尚無定論，而於現存古籍文獻中可尋繹的有關殷商事跡紀載，散漫而疏略，或語焉不詳，能質之允當者，可謂披沙揀金。雖然如此，著者仍不遺餘力，勉而爲之，撰寫時力求做到紀年及事跡有據可依，其諸王紀年主要依據《竹書紀年》今、古本，並參照《殷曆譜》《今本竹書紀年疏證》《史記》《御覽》《漢書》《通鑑外紀》《帝王世紀》《皇極經世書》《夏商周斷代工程一九九六—二〇〇〇年階段成果報告·夏商周年表》和甲骨卜辭。而殷商諸王事跡除依據上列典籍外，則參照其他文獻（包括近代學者的考釋）和出土文物紀載。《殷鑑》中有關殷商諸王的紀年，除成湯至沃丁一仍《竹書紀年》外，從小庚至陽甲諸王的元年則根據典籍紀載諸王在位之年的實際年數重新作了考證。從盤庚至帝乙諸王的元年及在位年數，則參考《夏商周斷代工程一九九六—二〇〇〇年階段成果報告·夏商周年表》和《竹書紀年》《御覽》《通鑑外紀》《皇極經世書》等典籍載入。有關殷商諸王名號也依據甲骨卜辭作了考證釐定，如：康丁，今本《紀年》作庚丁，是傳寫之誤，《殷鑑》據甲骨卜辭改作康丁。又如：文丁，乃史所稱，甲骨卜辭則謂文武丁，《史記》作太丁。考甲骨卜辭可知，太丁即文丁之兄，或死於丁日，因有兄丁之謂。太丁閏位，舊史佚其廟號。因此，羅振玉《殷虛書契考釋三種》云：「史稱大丁未立，而卜辭所載禮祀，儼同於帝王。」有關《竹書紀年》缺而未載閏位之事，經審辨甲骨卜辭所載，認爲可確信者皆據以載入。如：武丁崩，令叔閏位之史實。《竹書紀年》等古籍未紀之殷王事跡，《殷鑑》依據甲骨卜辭載入。如：紂王册封周方伯（西伯文王）及同獵一事，見於周原甲骨卜辭。鑑於周立朝後爲告誡王冑，而説殷朝祖甲以後諸王「不知稼穡之艱難」，不是殷商歷史事實，《殷鑑》也依據甲骨卜辭載入武乙不廢冀田之業的事跡。至於《竹書紀年》及其他典籍未載武丁之事跡，包括武丁之内治及武功，作者也據甲骨卜辭補載。對於《尚書序》所云沃丁葬伊尹之事，大背《紀年》之説，《殷鑑》也匡正其謬。《書・毋逸》及《殷本紀》誤以大戊爲中宗，《殷鑑》據甲骨卜辭釐正祖乙爲中宗。《書》所載「高宗肜日」之高宗，據甲骨卜辭所云，高宗應是武湯，是「王𡧊高祖乙」傳聞之誤，王𡧊高祖乙，實爲後王祭祀武湯的紀事，《殷鑑》據甲骨卜辭考正。有關周武王伐紂克商的年代，則據金文文獻所載並參照當代天文學家根據天文驗算的推斷而載入。

《殷鑑》所引用的文獻和考釋材料，著者均作了嚴謹的審辨，確信可資引證後方予引用，而引用的古代文獻則遵循儘量採用上古文獻的原則，以其時間去殷商未遠而更具可信性。著者在編撰《殷鑑》時，注重吸納當代學者的學術研究成果，尤其是吸納「夏商周斷代工程」的研究成果。但是，對於《夏商周斷代工程一九九六—二〇〇〇年階段成果報告·夏商周年表》有關帝辛在位三十年的推論，本書著者存有不同看法，故《殷鑑》未予採用。有關專家已驗證《尚書》《竹書紀年》等文獻所載武丁在位年數的可靠性，《竹書紀年》等存世古籍中帝辛在位不止於三十年的紀載，似亦未能率爾否定。鑑於今古文《尚書》及《竹書紀年》經歷尤其複雜，歷來就其造僞辨僞爭議彌瀰，《殷鑑》雖爲一家之見，然所引兩書之文，著者均審慎徵用，箟析縷辨，力求做到確當。

本書所附年表謂殷王紀年始於公元前一六七八年（癸亥），是依據《新唐書·曆志》所載張説《五星議》之説以及《殷鑑》釐定的諸王紀年總數推定，王國維《今本竹書紀年疏證》云：「十八年，王即位，居亳。《新唐書·曆志》：『張説《五星議》：成湯伐桀，歲在壬戌，其明年，湯始建國爲元祀。』」。年表謂殷王紀年止於公元前一〇四六年（乙未），則依據《夏商周斷代工程一九九六—二〇〇〇年階段成果報告·夏商周年表》。湯滅夏至於紂，凡十七代，三十王（其代數及王數切合司馬遷所著《史記》有關商王世系），歷六百三十二年（與西漢晚期劉歆所著《世經》推斷商朝積歲六百二十九年接近）。自盤庚遷殷，至紂之滅，積歲二百七十三年。

編撰《殷鑑》期間，我曾多次拜望中山大學教授陳永正先生，並向他請教，得到前輩勉勵，光寵有加。陳先生撥冗細閱書稿，並提出寶貴意見，我均採納，以使全書的結構更加完整合理。

《殷鑑》出版後，引發讀者關注，並提出了許多寶貴意見。本次再版重新作了修正。藉此，謹對廣大讀者的關注和厚愛表示衷心的感謝！

由於殷商史料闕佚尤甚，本書只是粗淺的嘗試而已，限於個人學識水平，缺點錯誤定當不少，敬希學者、專家和廣大讀者批評指正。

二〇一四年夏雍平撰於廣州

二〇一七年春雍平修改訂正

凡例

一、本書所引《竹書紀年》，皆省稱《紀年》，並於《紀年》前加上今本或古本以作區分。舉例：陽甲［今本《紀年》：「一名和甲。」楊樹達《積微居甲文説》卷下云：「按《山海經·大荒北經》郭注引古本《紀年》云：『和甲西征，得丹山。』按和甲之稱，與《吕氏春秋》稱河亶甲爲整甲者例同，非後人所能杜撰，此可證今本《紀年》陽甲名和之説爲可信。……」］。

二、所引甲骨文作注皆於文末以括號（）標注引文出處。舉例：廟號唐［雍子曰：按，甲骨卜辭有「唐宗」（《甲骨文合集》一三三九）之謂，乃湯之廟號也。《觀堂集林·殷卜辭中所見先公先王考》云：「卜辭屢見唐字，亦人名。其一條有唐、大丁、大甲三人相連，而下文不具。（《鐵雲藏龜》二一四葉）又一骨上有卜辭三。一曰：『貞于唐告𢀛方。』二曰：『貞于大甲告。』三曰：『貞于大丁告𢀛。』（《殷虚書契後編》卷上二九葉）三辭在一骨上，自係一時所卜。據此，則唐與大丁、大甲連文，而又居其首，疑即湯也。……案：唐亦即湯也，卜辭之唐，必湯之本字。」］。

三、對所引甲骨文括注中書名的全稱和簡稱，編輯時作了統一，皆標出原書全稱。所引甲骨文括注中書名後的編號數字統一使用漢字，俾便讀者閱讀。

四、書中輯文所引典籍於文末加括號［］標出書名，不詳標葉碼。舉例：在太甲，時則有若保衡［據《書·君奭》］。

五、每篇引用書目文獻皆附録於篇末。

目録

成湯

名履［據今本《竹書紀年》。《史記》司馬貞《索隱》：「湯名履。《書》曰『予小子履』是也。」］。**廟號唐**［雍子曰：按，甲骨卜辭有「唐宗」（《甲骨文合集》一三三九）之謂，乃湯之廟號也。《觀堂集林・殷卜辭中所見先公先王考》云：「卜辭屢見唐字，亦人名。其一條有唐、大丁、大甲三人相連，而下文不具。（《鐵雲藏龜》二一四葉）又一骨上有卜辭三。一曰：『貞于唐告𢀛方。』二曰：『貞于大甲告。』三曰：『貞于大丁告𢀛。』（《殷虛書契後編》卷上二九葉）三辭在一骨上，自係一時所卜。據此，則唐與大丁、大甲連文，而又居其首，疑即湯也。……案：唐亦即湯也，卜辭之唐，必湯之本字。」］。

元年癸亥［據《新唐書・曆志》：「（張説）《五星議》曰：『……成湯伐桀，歲在壬戌……其明年，湯始建國爲元祀。』」王國維《今本竹書紀年疏證》引據同。］。

主癸卒，子大乙立［雍子曰：大乙，《史記》作天乙，非也。甲骨卜辭作大乙，其例實繁，不勝枚舉。若「乙巳卜，㱿貞，告方出于大乙祖甲」（《殷虛書契前編》一、三、四），且有「大乙宗」（《甲骨文合集》三三〇六〇）。王國維《觀堂集林・殷卜辭中所見先公先王考》云：「湯名天乙，見於《世本》及《荀子・成相篇》，而《史記》仍之。……天、大二字形近，故互訛也。且商初葉諸帝，如大丁，如大甲，如大庚，如大戊，皆冠以大字，則湯自當稱大乙。又卜辭曰：『癸巳貞，又[illegible]于伊其□大乙彡日。』（《殷虛書契後編》卷上二二葉）又曰：『癸酉卜貞大乙伊其。

（下闕見同上）』伊即伊尹，以大乙與伊尹并言，尤大乙即天乙之證矣。」」，是爲成湯［據《史記·殷本紀》。裴駰《集解》：「張晏曰：『禹、湯，皆字也。』」雍子曰：自契至湯，凡十四世，即契、昭明、相土、昌若、曹圉、冥、振、微、報丁、報乙、報丙、主壬、主癸、成湯。（據《史記·殷本紀》）］。自契至湯八遷，湯始居亳［據《史記·殷本紀》：「自契至湯八遷，湯始居亳。」王國維《觀堂集林》卷一二《説亳》云：「古地以亳名者甚多，《周書·立政》云：『三亳阪尹。』鄭玄謂：『湯舊都之民服文王者，分爲三邑，其長居險，故名阪尹。蓋東成皋南轘轅西降谷也。』（《尚書正義》引）皇甫謐則云：『三處之地，皆名爲亳。蒙爲北亳，穀熟爲南亳，偃師爲西亳。』（同上）」雍子曰：王國維《説亳》三證湯之亳，其謂：「若蒙縣西北之薄，與甯陵東北之葛鄉，地正相接，湯之所都，自當在此。」此説正合《管子·輕重甲》所言之薄（亳），亦切合孟子「與葛爲鄰」之説。］，與葛爲鄰［王國維《説亳》：「孟子言湯居亳，與葛爲鄰。」《史記》裴駰《集解》云：「孔安國曰：『十四世凡八徙國都。』」雍子曰：據王國維《觀堂集林》卷一二《説自契至於成湯八遷》可證：商湯以前八遷爲：契由亳遷蕃，昭明由蕃遷砥石，昭明由砥石遷商，相土由砥石遷泰山下，相土由泰山遷歸商，帝芬（商侯）遷於殷，孔甲（殷侯）復歸商，湯始居亳。《荀子·成相》：「契玄王，生昭明，居於砥石，遷於商。」《世本·居篇》：「契居亳，昭明居砥石。」按：《淮南子·墬形訓》曰：「遼出砥石。」高誘注：「砥石，山名，在塞外，遼水所出。」《水經注》曰：「遼水，亦言出砥石山，自塞外東流，直遼東之望平縣西……屈而南流，入於海。」］，從先王居［據《史記·殷本紀》］，以七十里之亳兼桀之天下［據《管子·輕重甲》：「湯以七十里薄（亳）兼桀之天下。」《淮南子·泰族訓》：「湯處亳七十里。」《孟子・公孫丑上》：「王不待大，湯以七十里。」〕，作《帝誥》〔《史記》司馬貞《索隱》：「一作『告』。上云『從先王居』，故作《帝誥》。孔安國以爲誥告先王，言己來居亳也。」裴駰《集解》：「孔安國曰：『契父帝嚳都亳，湯自商丘遷焉，故曰從先王居』」〕。施章乃服，明上下，以順有德，諸侯咸歸商〔據《史記・夏本紀》：「湯修德，諸侯皆歸商。」〕。湯奉桀衆以革夏，屬諸侯於亳，薦章天命，通於四方，奄有九有，而天下諸侯莫敢不賓服〔據《詩・商頌・玄鳥》：「古帝命武湯，正域彼四方，方命厥后，奄有九有。」《墨子・非攻下》：「湯奉桀衆，以克有（夏），屬諸侯於薄（亳），薦章天命，通於四方，而天下諸侯莫敢不賓服。」〕。湯非徒能用其民也，又能用非己之民〔據《呂覽・用民》：「湯武非徒能用其民也，又能用非己之民。」〕。蓋俊民而甸四方，克宅克俊，明德恤祀，惟天丕建。

成湯臨御，舉伊尹。伊尹降生於空桑〔據《呂覽・本味》〕，爲有莘氏女師僕，親爲庖人，欲奸湯而無由〔據《墨子・尚賢》：「昔伊尹爲有莘氏女師僕，親爲庖人，湯得而舉之。」〕。湯使人聘迎之，五反然後肯往從湯，言素王及九主之事〔據《史記・殷本紀》〕。湯得伊尹，祓之於廟，爝以爟火，釁以犧豭。明日，設朝而見之〔據《呂覽・本味》〕。厥負鼎俎，以滋味説湯，致於王道〔據《史記・殷本紀》〕。

伊尹去湯適夏。既醜有夏，復歸於亳。入自北門，遇湯之賢臣女鳩、女房，作

《女鳩女房》〔據《史記·殷本紀》。裴駰《集解》：「孔安國曰：『鳩、房二人，湯之賢臣也。』」〕。

湯征諸侯，號爲武湯〔《史記·殷本紀》云：「於是湯曰，吾甚武，號曰武王。」甲骨卜辭：「……叀武唐用，王受又又。」（《殷虛書契續編》一、七、六）丁山《商周史料考證》云：「由成湯，《齊叔弓鐘》作成唐例之，武唐，正是《玄鳥》所謂武湯，湯之稱武，決出殷商的謚法。」王國維《觀堂集林·殷卜辭中所見先公先王考》云：「卜辭又屢見唐字，亦人名。其一條有唐、大丁、大甲三人相連，而下文不具。（《鐵雲藏龜》二一四葉）又一骨上有卜辭三。一曰：『貞于唐告𢀛方。』二曰：『貞于大甲告。』三曰：『貞于大丁告𢀛。』（《殷虛書契後編》卷上二九葉）三辭在一骨上，自係一時所卜。據此，則唐與大丁、大甲連文，而又居其首，疑即湯也。……案：唐亦即湯也，卜辭之唐，必湯之本字。」〕，先後征發葛、荆、温、韋、顧、昆吾、夏邑、三嵏、郕，是爲九征〔【補】據《太平御覽》八三。《路史·後紀十三》羅苹注引「湯七年九征」。〕。既滅韋顧昆吾，而朝氐羌，正域彼四方而式九圍。葛伯鄰於亳，放而不祀。湯使遺之牛羊，葛伯食之。使亳衆往爲之耕，老弱饋食，葛伯奪而殺之〔據丁山《新殷本紀》〕。湯始伐之。湯曰：「予有言：『人視水見形，視民知治否？』」伊尹曰：「明哉！言能聽，道乃進。君國子民，爲善者在王宮。勉哉！勉哉！」湯曰：「汝不能敬命，予大罰殛之，無有攸赦。」乃作《湯征》〔據《史記·殷本紀》〕。因盡征諸族。天乃命湯於鑣宮，用受有夏大命。

湯出，見野張網四面，祝曰：「自天下四方皆入吾網。」湯曰：「嘻，盡之矣！」

乃去其三面，祝曰：「欲左，左。欲右，右。不用命，乃入吾網。」諸侯聞之，曰：「湯德至矣，及禽獸。」

當是時，夏桀上詬天侮鬼，下殃傲天下之萬民［據《墨子·明鬼》］，爲虐政淫荒，而諸侯昆吾氏爲亂［據《史記·殷本紀》］。湯乃興師率諸侯，伊尹從湯，遂伐桀［據《史記·殷本紀》］。湯以良車七十乘，必死六千人，伐夏后桀。湯曰：「格汝衆庶，悉聽朕言。匪台小子敢行舉亂，有夏多罪，予維聞汝衆言，夏氏有罪。予畏上帝，不敢不正。今夏多罪，天命殛之。今汝有衆，汝曰：『我君不恤我衆，舍我嗇事而割政。』汝其曰：『有罪，其奈何？』夏王率止衆力，率奪夏國。有衆率怠不和，曰：『是何日時喪？予與汝皆亡！』夏德若茲，今朕必往。爾尚及予一人致天之罰，予其大理汝。汝毋不信，朕不食言。汝不從誓言，予則帑僇汝，無有攸赦。」以告令師，作《湯誓》。戊子，戰於郕，禽推哆、大犧。湯武威大振，利鋒所及，夏師當而大潰。桀敗於有娀之虛，奔於鳴條。

湯將放桀於中野，士民聞湯在野，皆委貨扶老攜幼奔，國中虛。桀請湯曰：「國所以爲國者以有家，家所以爲家者以有人也。今國無家無人矣。君有人，請致國，君之有也。」湯曰：「否。昔大帝作道，明教士民，今君王滅道殘政，士民惑矣。吾爲王明之。」

士民復，致於桀曰：「以亳之居，濟民之賤，何必君更。」桀與其屬五百人南徙千里，止於不齊，民往奔湯於中野。桀復請湯，言君之有也。湯曰：「否。我爲君王明之。士民復，重請之。」桀與其屬五百人徙於魯，魯士民復奔湯。桀又曰：「國，君之有也。吾則外人，有言，彼以吾道是邪，我將爲之。」湯曰：「此君王之士也，君王之民也，委之何？」湯不能止桀。湯曰：「欲從者從君。」桀與其屬下五百人去，居南巢［據《逸周書·殷祝解》］。

湯登自鳴條，入巢門，放桀於鬲山［據《史記·殷本紀》《尚書》。饒宗頤《縱目人傳説與瞿方》：「桀逃之鬲山氏，向來異文頗多：《荀子·解蔽》：『桀死於亭山。』《御覽》引《尸子》：『桀放於歷山。』《山海經·大荒西經》：『有人無首，操戈盾立，名曰夏耕之尸，故成湯伐夏桀於章山，克之。』按『歷山』即上海簡之『鬲山』，亭山、章山均是鬲山之形訛。」］。

湯放桀而復亳，三千諸侯大會。湯退再拜，從諸侯之位。湯曰：「此天子位，有道者可以處之。天下非一家之有也，有道者之有也，故天下者惟有道者理之，惟有道者紀之，惟有道者宜久處之。」湯以此讓，三千諸侯莫敢即位，然後湯即天子之位。與諸侯誓曰：「陰勝陽即謂之變，而天弗施，雌勝雄即謂之亂，而人弗行。故諸侯之治政，在諸侯之大夫治與從〔據《逸周書・殷祝解》〕。」

湯既勝夏，欲遷於社，不可。遂伐三㚇。俘厥寶玉以歸。湯歸，至於大坰，仲虺作誥。曰：「諸侯自爲得師者王，得友者霸，自爲莫己者亡。我聞有夏人，矯天命於下。帝式是憎，用喪厥師。」

既絀夏命，還亳，作《湯誥》。維三月，王自至於東郊。告諸侯群后：「『毋不有功於民，勤力迺事。予乃大罰殛汝，毋予怨。』曰：『古禹、皋陶久勞於外，厥有功乎民，民乃有安。東爲江，北爲濟，西爲河，南爲淮，四瀆已修，萬民乃有居。后稷降播，農殖百穀。三公咸有功於民，故后有立。』曰：『不道，毋之在國，汝毋我怨。』」以令諸侯。咎單作《明居》〔據《史記・殷本紀》〕。

時天大旱，五年不收。湯以身禱於桑林，曰：「惟余小子履，敢用玄牝，敢昭告於皇皇后帝。曰：『嗚呼！古者有夏方未有禍之時，百獸貞蟲允及飛鳥，莫不比方。矧隹人面，胡敢異心？山川鬼神，亦莫敢不寧。若能共，允惟天下之合，下土之保。

今天大旱，即當朕身。履未知得罪於上下。政不節歟？使民疾歟？何以不雨，至斯極也！苞苴至歟？讒夫興歟？何以不雨，至斯極也！聿求元聖，與之勠力，以治天下，有善不敢蔽，有罪不敢赦。帝臣不蔽，簡在帝心。朕躬有罪，無以萬方；萬方有罪，罪在朕躬。無以一人之不敏，使上帝鬼神，傷民之命。』」於是剪其髮，鄜其手，以身爲犧牲，用祈福於上帝。民乃大説，雨乃大至。

湯遂改正朔，易服，色尚白。朝會以晝［據《史記·殷本紀》］。因先王之樂，又自作樂，命曰濩。又修《九招》［據《墨子·三辯》。甲骨卜辭：「乙亥卜貞，王窆大乙，濩，亡尤。」（《殷虚書契前編》一、三、五）。「庚貞卜，旅貞，翌辛卯，其濩于日。」（《殷契佚存》九一二）。「乙亥貞，今奏嚚。」（《鐵雲藏龜之餘》八、三）。「癸亥其奏嚚，子弖其……」（《簠室殷契徵文·雜事》六九）］。

十八年癸亥，王即位，始屋夏社［據今本《紀年》：「始屋夏社。」《尚書序》：「湯既勝夏，欲遷其社，不可，作《夏社》。」《禮記·郊特牲》：「是故喪國之社屋之。」］。

十九年，大旱［據今本《紀年》。］。氐、羌來賓［據今本《紀年》。《詩·商頌·殷武》：「昔有成湯，自彼氐羌。莫敢不來享，莫敢不來王。」］。

二十年，大旱［據今本《紀年》］。

夏桀卒於鬲山〔據今本《紀年》。雍子曰：據饒宗頤《西南文化創世紀・縱目人傳説與瞿方》二一四葉云：「桀逃之鬲山氏，向來異文頗多：《荀子・解蔽》：『桀死於亭山。』《御覽》引《尸子》：『桀放於歷山。』《山海經・大荒西經》：『有人無首，操戈盾立，名曰夏耕之尸，故成湯伐夏桀於章山，克之。』按『歷山』即上海簡之『鬲山』，亭山、章山均是鬲山之形訛。」〕。湯救旱，禁弦歌鼓舞〔據今本《紀年》。《書鈔》九、《藝文類聚》八二、《初學記》九、《御覽》三五等引《尸子》：「湯之救旱也，弦歌鼓舞者禁之。」〕。

二十一年，大旱〔據今本《紀年》〕。

湯鑄金幣〔據今本《紀年》。《管子・輕重八》：「湯以莊山之金鑄幣，而贖民之無饘賣子者。」〕。

二十二年，大旱〔據今本《紀年》〕。

二十三年，大旱〔據今本《紀年》〕。

二十四年，大旱〔據今本《紀年》〕。

王禱於桑林，天降大雨〔據今本《紀年》。《呂覽・順民》：「湯克夏而正天下。天大旱，五年不收。湯乃以身禱於桑林，雨乃大至。」〕。

二十五年，作《大濩樂》〔據今本《紀年》。《呂覽・古樂》：「湯乃命伊尹，作爲《大濩》。」〕。

初巡狩，定獻令〔據今本《紀年》。《逸周書・王會解》：「湯問伊尹曰：『其爲四方獻令。』」〕。

二十七年，遷九鼎於商邑〔據今本《紀年》。《左傳·宣公三年》：「桀有昏德，鼎遷於商。」〕。

二十九年，王陟。湯爲天子位凡十二年，百歲而崩〔《御覽》八三引《韓詩内傳》：「湯爲天子十三年，百歲而崩。」《漢書·律曆志》：「成湯方即世崩没之時，爲天子用事十三年矣。商十二月乙丑朔冬至，故《書序》曰：『成湯既没。太甲元年，使伊尹作《伊訓》。』《伊訓篇》曰：『惟太甲元年十有二月乙丑朔。』」據此，則自湯元年至太甲元年爲十三年，湯在天子位凡十二年（據王國維《今本竹書紀年疏證》）。〕。

引用書目文獻

竹書紀年統箋 清徐文靖撰　浙江書局刊本

今本竹書紀年疏證 王國維著　中華書局

竹書紀年 方詩銘　王修齡古本竹書紀年輯證　上海古籍出版社

史記 漢司馬遷撰　宋裴駰集解　唐司馬貞索隱　張守節正義　中華書局標點本

觀堂集林 王國維著　中華書局

管子 舊題周管仲撰　四部叢刊本

荀子 荀子撰　中華書局

淮南子 西漢劉安撰　中華書局

水經注 北魏酈道元撰　中華書局

毛詩 漢毛亨傳　鄭玄箋　四部叢刊本

毛詩正義（十三經注疏） 唐孔穎達撰　清阮元編　中華書局影印本

墨子 舊題周墨翟撰　清孫詒讓閒詁　涵芬樓影印本

呂覽 秦呂不韋撰　清高誘訓解　經訓堂叢書本

尚書 舊題漢孔安國傳　四部叢刊本

尚書正義（十三經注疏） 唐孔穎達撰　清阮元編　中華書局影印本

西南文化創世紀·縱目人傳説與瞿方 饒宗頤著　上海古籍出版社

山海經 晉郭璞注　四部叢刊本

太平御覽 宋李昉撰　中華書局

逸周書 晉孔晁注　清康熙刊本

左傳 舊題周左丘明撰　晉杜預注　四部叢刊本

漢書漢班固撰　唐顔師古注　百衲本
書鈔清王謨輯著　中華書局
藝文類聚唐歐陽詢撰　上海中華書局景印宋紹興本
初學記唐徐堅撰　古香齋袖珍本
新殷本紀丁山撰　油印本

外丙

名勝［據今本《紀年》］。成湯之子［《史記·殷本紀》云：「太子太丁未立而卒，於是立太丁之弟外丙。」雍子曰：據甲骨卜辭考證，太丁，乃文丁之兄，其或死於丁日，故有兄丁之謂。甲骨卜辭云：「丙子卜，犬，㝬兄丁。〇丙戌卜犬。㝬兄丁，二牛。」（《殷虚文字甲編》二三五九）「癸巳卜，將兄丁凡父乙。」（《殷虚文字甲編》六一一）「丙子貞，將兄丁于［父乙］〇丁卯□于□用□父乙……」（《殷契粹編》三七三）「丙子卜，將兄丁于父乙。」（《殷虚書契後編》上、七、五）羅振玉《殷虚書契考釋三種》九七葉云：「商自武湯逮于受辛，史公所録爲世三十，見於卜辭者二十有三。且稱大丁未立，而卜辭所載禮祀，儼同於帝王。」］。

元年乙亥［據今本《紀年》］。

王即位，居亳［據《御覽》八三引《紀年》：「外丙勝『即位』居亳。」］。

王命卿士伊尹［據今本《紀年》］。

二年，王陟［據今本《紀年》。《孟子》：「外丙二年。」《史記》同。］。

引用書目文獻

竹書紀年統箋清徐文靖撰　浙江書局刊本
今本竹書紀年疏證王國維撰　中華書局
竹書紀年方詩銘　王修齡古本竹書紀年輯證　上海古籍出版社
太平御覽宋李昉撰　中華書局
殷虛書契考釋三種羅振玉著　上海古籍出版社

仲壬

名庸。外丙之弟〔據《史記·殷本紀》：「帝外丙即位三年，崩，立外丙之弟中壬，是爲帝中壬。」〕。

元年丁丑〔據今本《紀年》〕。

王即位，居亳，命卿士伊尹〔據《春秋經傳集解後序》引《紀年》：「仲壬即位，居亳，命卿士伊尹。」《書·咸有一德》疏、《通鑑外紀》引「命」作「其」。按《通志·三王紀》引「伊尹」上，有「其卿士」三字，又「仲壬即位居亳」〕。

四年，王陟〔據《孟子·萬章上》：「仲壬四年。」《史記》同。〕。

引用書目文獻

竹書紀年統箋　清徐文靖撰　浙江書局刊本

今本竹書紀年疏證　王國維撰　中華書局

竹書紀年　方詩銘　王修齡古本竹書紀年輯證　上海古籍出版社

春秋經傳集解晉杜預撰　中華書局
尚書舊題漢孔安國傳　四部叢刊本
通鑑外紀宋劉恕撰　中華書局
孟子漢趙岐章句　四部叢刊本
孟子正義清焦循撰　半九書塾本
史記漢司馬遷撰　宋裴駰集解　唐司馬貞索隱　張守節正義　中華書局標點本

太甲

名至［據今本《紀年》。雍子曰：太甲名至，於甲文數可見也。甲骨卜辭：「冊至，又（有）雨？」（《殷虛文字甲編》一五六〇）「貞，△冊至，右（有）大雨？」（《殷虛文字甲編》一四八三）「冊至，王受又？（祐）弜（弗）冊？」（《殷契粹編》二六五）「甲申卜，今日亥不雨，叀冊至？」（《殷契粹編》七八四）］。成湯之孫［《史記·殷本紀》：「伊尹迺立太丁之子太甲……是爲帝太甲。」雍子曰：據甲骨卜辭考證，太丁非成湯之子，乃文丁之兄。所引甲骨卜辭詳見《外丙》篇。］。

元年辛巳［據今本《紀年》］。

王即位，居亳，命卿士伊尹［據今本《紀年》］。

在太甲，時則有若保衡［據《書·君奭》］，實左右商王［《詩·商頌·長發》：「昔在中葉，有震且業，允也天子，降予卿士，實維阿衡，實左右商王。」］。衡者，封於黃澤，爲黃尹也［甲骨卜辭：「貞，于大甲告吉方出。○告吉于黃君。」（《殷虛書契後編》上、二九、四）「貞，黃尹𡆥我。○貞，黃尹不𡆥。」（《殷虛書契前編》一、五二、一）「貞，㞢于黃尹，七月。」（《金璋所藏甲骨卜辭》五〇一）「己酉卜，㱿貞，㞢于黃尹，五牛〇貞㞢于黃尹三牛。」（《龜甲獸骨文字》一、一三、一九）「己亥卜，㱿貞，㞢伐于黃尹，亦㞢于蔑。」（《殷虛書契前編》一、五二、一）「丙寅卜，即貞，□勺于黃尹。」（《殷虛書契續編》一、四六、八）「丙寅卜，𠬛貞，㞢于黃尹，爽二芍。」（《殷虛書契續編》二、一九、一）郭沫若《卜辭通纂考釋》五〇葉云：「黃乃假爲衡，黃尹，即阿衡。」丁山《商周史料考證》五三葉云：「商代官名稱尹者，不一而足。……總稱之曰『多尹』。伊尹、黃尹，正是『多尹』的一部份。工尹、右尹，春秋時代的楚國，尚有其官；則伊、黃、貫、澎諸尹，或相當於楚國的箴尹、沈尹、連尹之類，都是以地爲名的，蓋封於伊水者爲伊尹，封於黃澤者爲黃尹，各以地名，不相關涉。而祭黃尹或與祭太甲同見一版之上，正可證明《君奭》的保衡當亦黃尹傳寫之誤了。」」。

太甲元年，作《伊訓》《肆命》《徂后》。伊尹奉王祇見其祖。侯甸群后咸在，百官總己以聽太宰。伊尹乃明言列祖之成德，以訓於王。曰：「嗚呼！古有夏先后，方懋其德，罔有天災。山川鬼神，亦莫不寧，暨鳥獸魚鼈咸若。於其子孫弗率，皇天降災，假手於我有命，造攻自鳴條，朕在自亳。惟我商王，布昭聖武，代虐以寬，兆民允懷。今王嗣其德，罔不在初！立愛惟親，立敬惟長，始於家邦，終於四海〔據《書·伊訓》〕。」

又曰：「嗚呼！先王肇修人紀，從諫如流，先民順從，居上能明，爲下能忠。與人不求備，檢身若不及，以至於有萬邦，茲惟艱哉！布求哲人，使輔於爾後嗣，制官刑，儆於有位。曰：『敢有恒舞於宮，酣歌於室，時謂巫風。敢有殉於貨色，恒於遊畋，時謂淫風。敢有侮聖言，逆忠直，遠耆德，昵頑童，時謂亂風，惟茲三風十愆，卿士有一於身，家必喪。邦君有一於身，國必亡。臣下不匡，其刑墨。具訓於蒙士。』

嗚呼！嗣王敬其身，念哉！聖謨洋洋，嘉言甚彰！惟上帝不常，作善，降之百祥。作不善，降之百殃。爾惟德罔小，萬邦惟慶。爾惟不德罔大，墜失宗廟〔據《書·伊訓》〕。」

太甲不順於伊尹，其在位，不義，惟王久爲小人〔據《書·毋逸》：「其在太甲，不義，惟王小人。」〕。伊尹作書曰：「先王顧諟天之明命，以承上下神祇，社稷宗廟罔不祇肅。天監其德，用集大命，撫綏萬方。惟尹躬能左右其君，使庶衆安定，故先王乃承基緒。惟尹身先見於西邑夏，自周有終，相亦惟終。其後嗣王罔能有終，相亦罔終。嗣王戒哉！敬守君位，君王不盡君道，忝辱其祖〔據《書·太甲上》〕。」

王惟庸罔念聞，伊尹乃言曰：「先王昧爽丕顯，坐以待旦。旁求俊彦，啓迪後人，無越其命以自覆。愼乃儉德，惟懷永圖。若虞機張，往省括於度，則發。欽其志向，循乃祖所行！惟朕以懌，萬世有辭〔據《書·太甲上》〕。」

王未能變。伊尹曰：「茲乃不義，習與性成，予弗狎於弗順。營於桐宮，密近先王其訓，無使世迷。」王徂桐宮，居憂，克終允德［據《書·太甲上》］。

太甲顛覆湯之典刑［據《孟子·萬章上》］，伊尹放太甲於桐［據《春秋經傳集解後序》、《書·咸有一德》疏、《通鑑外紀》三］，乃閏位自立［據古本《紀年》］。

三年，太甲悔過，自怨自艾，於桐，處仁遷義［據《孟子·萬章上》］。

七年，太甲潛出，率桐邑之民，誅討伊尹［據《春秋經傳集解後序》、《尚書·咸有一德》疏、《通鑑外紀》三。《文選·豪士賦序》注引：「大甲潛出自桐，殺伊尹。」又《廣弘明集》一一引《汲冢書》：「伊尹自篡立後，大甲潛出，親殺伊尹而用其子。」文有增損。《晉書·束晳傳》《史通·疑古》《史通·雜説》皆引：「大甲殺伊尹。」］。及王殺伊尹，天大霧三日。太甲乃立其子伊陟、伊奮，命復其父之田宅而中分之［據《古本《紀年》］。

十年，王大饗於太廟［據今本《紀年》］。

十二年，王陟［《史記·魯周公世家》司馬貞《索隱》：「案《紀年》，太甲惟得十二年。」］。廟號太宗［《史記·殷本紀》：「伊尹嘉之，迺作《太甲訓》三篇，褒帝太甲，稱太宗。」雍子曰：太甲既誅殺伊尹，太宗廟號非伊尹所稱，乃嗣王所尊也。」］。

引用書目文獻

竹書紀年統箋　清徐文靖撰　浙江書局刊本
今本竹書紀年疏證　王國維撰　中華書局
竹書紀年　方詩銘　王修齡古本竹書紀年輯證　上海古籍出版社
尚書　舊題漢孔安國傳　四部叢刊本
尚書正義（十三經注疏）　唐孔穎達撰　清阮元編　中華書局影印本
孟子　孟軻撰　中華書局
孟子　漢趙岐章句　四部叢刊本
孟子正義　清焦循撰　半九書塾本
毛詩　漢毛亨傳　鄭玄箋　四部叢刊本
毛詩正義（十三經注疏）　唐孔穎達撰　清阮元編　中華書局影印本
卜辭通纂考釋　郭沫若著　科學出版社

商周史料考證丁山著　國家圖書館出版社
史記漢司馬遷撰　宋裴駰集解　唐司馬貞索隱　張守節正義　中華書局標點本
春秋經傳集解後序晉杜預撰　中華書局
尚書正義唐孔穎達撰　中華書局
通鑑外紀宋劉恕撰　元胡三省注　清胡克家補注　世界書局
文選南朝梁蕭統編　中華書局影印本
廣弘明集唐釋道宣撰　四部叢刊本
晉書唐房喬等撰　適園叢書本
史通唐劉知幾撰　中華書局

沃丁

名絢［據今本《紀年》。甲骨卜辭：「乙卯貞，酒肜于芍丁，叀鹿。」（《殷虛書契後編》上、二一、一三）「乎勹于芍丁。」（《殷虛書契前編》五、八、五）據丁山《商周史料考證》五三葉云：「芍丁，郭沫若論定即沃丁，甚確。沃，《說文》作□，云溉灌也。從水芺聲。□，許君訓『芺草也』，蓋因隸變之誤而強作解人也。其實芺即□（《殷虛書契後編》上、二一、一三）字隸寫。」］。**太甲之子**［據《史記·殷本紀》：「太宗（太甲）崩，子沃丁立。」］。

元年癸巳［據今本《紀年》］。

王即位，居亳［《御覽》八三引《紀年》：「沃丁絢即位，居亳。」］。

王命卿士咎單［據今本《紀年》］，**遂訓伊尹事，作《沃丁》**［據《尚書序》：「沃丁既葬伊尹於亳，咎單遂訓伊尹事，作《沃丁》。」雍子曰：按，《紀年》既載太甲殺伊尹本事，何又沃丁既葬伊尹於亳，此《尚書序》之大謬矣。是說大背《紀年》之說。］。

八年，祠保衡［據今本《紀年》。《尚書》疏、《初學記》二引《帝王世紀》：「沃丁八年，伊尹卒，年百有餘歲，大霧三日。沃丁葬以天子之禮，祀以太牢，親自臨喪三年，以報大德。」雍子曰：保衡，決非伊尹。按，丁山《商周史料考證》五三葉云：「郭沫若先生謂，『黃乃假爲衡，黃尹，即阿衡』，自是不易之論。」］。

十四年，王陟〔據《皇極經世書》：「商王沃丁十四年。」〕。

引用書目文獻

竹書紀年統箋清徐文靖撰　浙江書局刊本
今本竹書紀年疏證王國維撰　中華書局
竹書紀年方詩銘　王修齡古本竹書紀年輯證　上海古籍出版社
商周史料考證丁山著　國家圖書館出版社
太平御覽宋李昉撰　中華書局
尚書舊題漢孔安國傳　四部叢刊本
初學記唐徐堅撰　古香齋袖珍本
帝王世紀晉皇甫謐撰　清宋翔鳳集校　訓纂堂叢書本
皇極經世書宋邵雍撰　中華書局四部備要影印本

小庚

小庚［據今本《紀年》。《史記》作「太庚」。雍子曰：按，太庚，即大庚，乃小庚之廟號也。］

名辨［據今本《紀年》］。沃丁之弟［據《史記·殷本紀》：「沃丁崩，弟太庚立，是爲帝太庚。」］。廟號大庚［甲骨卜辭有「大庚宗」（《屯南》三七六三），蓋大庚乃其廟號也。］。

元年丁未［雍子曰：從小庚至陽甲諸王之元年根據典籍紀載諸王在位之年實際年數重新釐定。］。

王即位，居亳［據《御覽》八三引《紀年》：「小庚辨即位，居亳。」］。

十五年，王陟［據《皇極經世書》：「商王太庚十五年。」今本《紀年》云：「五年，陟。」《御覽》八三引《史記》：「帝太庚在位二十五年崩。」《通鑑外紀》從之。《疏證》云：「案《史記》商諸帝無在位年數，蓋採他書補之，後放此。」］。

引用書目文獻

史記　漢司馬遷撰　宋裴駰集解　唐司馬貞索隱　張守節正義　中華書局標點本

竹書紀年統箋 清徐文靖撰 浙江書局刊本

今本竹書紀年疏證 王國維撰 中華書局

竹書紀年 方詩銘 王修齡古本竹書紀年輯證 上海古籍出版社

太平御覽 宋李昉撰 中華書局

皇極經世書 宋邵雍撰 中華書局四部備要影印本

通鑑外紀 宋劉恕撰 元胡三省注 清胡克家補注 世界書局

小甲

名高〔據今本《紀年》。雍子曰：小甲名高，甲文可數見也。甲骨卜辭：「△申，其桒于高，尞牛？」（《殷虛文字甲編》五五一）「乙卯，卜，貞，桒禾于高，尞九牛？」（《殷虛文字甲編》七八五）「其烄高，又（有）雨？」（《殷契粹編》六五七）「貞告△△于高。」（《殷契卜辭》三八三）「貞御婦好于高。」（《簠室殷契徵文·典禮》一一三）〕。小庚之子〔據《史記·殷本紀》：「帝太庚崩，子帝小甲立。」〕。

元年壬戌。

王即位，居亳〔據《御覽》八三引《紀年》：「小甲高即位，居亳。」〕。

十七年，王陟〔據《御覽》八三引《史記》：「帝小甲在位十七年。」〕。

引用書目文獻

竹書紀年統箋清徐文靖撰　浙江書局刊本

今本竹書紀年疏證王國維撰　中華書局

竹書紀年 方詩銘 王修齡古本竹書紀年輯證 上海古籍出版社

太平御覽 宋李昉撰 中華書局

史記 漢司馬遷撰 宋裴駰集解 唐司馬貞索隱 張守節正義 中華書局標點本

雍己

名伷。小甲之弟〔據《史記·殷本紀》：「帝小甲崩，弟雍己立，是爲帝雍己。」〕。廟號又〔據今本《紀年》。雍子曰：雍己名伷，甲文可見也。甲骨卜辭：「辛丑卜，貞从伷？从。」（《龜甲獸骨文字》二、一五、一二）然目驗卜辭，屢見又宗之文，舉之如次：「貞即又宗。」（《殷虛文字甲編》一三一八）「貞王其酒△于又宗，又（有）大雨？」（《殷虛文字甲編》一二五九）「貞即于又宗，又（有）雨？」（《殷契粹編》一六）「其即于又宗，又（有）大雨？」（《殷契粹編》六八五）〕。

元年己卯。

王即位，居亳〔據《御覽》八三引《紀年》：「雍己伷即位，居亳。」〕。

十三年，王陟〔據《通鑑外紀》：「十三年。」〕。

引用書目文獻

竹書紀年統箋清徐文靖撰　浙江書局刊本

今本竹書紀年疏證王國維撰　中華書局

竹書紀年方詩銘　王修齡古本竹書紀年輯證　上海古籍出版社

太平御覽宋李昉撰　中華書局

通鑑外紀宋劉恕撰　元胡三省注　清胡克家補注　世界書局

史記漢司馬遷撰　宋裴駰集解　唐司馬貞索隱　張守節正義　中華書局標點本

太戊

名密，又名蔑〔雍子曰：按今本《紀年》云：「大戊名密。」甲骨卜辭：「貞㞢于蔑。」（《殷虛書契前編》四、一九、三）「貞㞢△于蔑。」（《殷虛書契前編》四、一九、四）「貞勿𠕋蔑？」（《殷虛書契前編》四、四四、七）楊樹達《積微居甲文説》卷下云：「按甲文未見密字，而蔑字屢見，確爲殷人所事之神名，而不知人爲誰。然蔑與密音近，甲文之蔑殆即《紀年》所記大戊名之密矣。」〕。雍己之弟〔據《史記・殷本紀》：「帝雍己崩，弟太戊立，是爲帝太戊。」〕。

元年壬辰。

王即位，居亳。王命卿士伊陟、臣扈，格於上帝，巫咸治王家〔據《書・君奭》：「在太戊時則有若伊陟、臣扈，格于上帝。巫咸乂王家。」甲骨卜辭：「丁未卜，大，㞢咸戊夰戊，乎？」（《殷契粹編》四二五）又《殷墟古器物圖録》云：「貞，夰戊，陟戊，爻戊。帚。」丁山《商周史料考證》五七葉云：「使戊爲咸戊省稱，則陟戊決是伊陟，而夰戊自可決爲臣扈了。大戊時代的三名臣，居然見於一辭，與前引『㞢于咸戊夰戊』，互相印證。」〕。

七年，亳有祥，有桑穀生於朝，一暮大拱。太戊懼，問伊陟。伊陟曰：「臣聞，妖不勝德，帝之政其闕歟？帝其修德。」太戊從之，乃側身修行，而祥桑枯死〔據《史記・殷本紀》《書・君奭》《尚書序》］。

伊陟贊言於巫咸。巫咸之興自此始，有成，作《咸艾》，作《太戊》［據《史記・殷本紀》《史記・封禪書》］。太戊贊伊陟於廟，言弗臣。伊陟讓，作《原命》。殷道復興，諸侯歸之［據《史記・殷本紀》］。

十年，遠方慕王之明德，重譯而至者七十六國［據今本《紀年》：「大戊遇祥桑，側身修行。三年之後，遠方慕明德，重譯而至者七十六國。」］。

十一年，命巫咸禱於山川［甲骨卜辭：「□□卜，在害貞，其用巫，桒于祖戊，若。」（《殷虛書契後編》上、五、二）「丁未卜，大，㞢咸戊孝戊，乎？○丁未，大㞢咸戊，牛否？」（《殷虛粹編》四二五）「癸酉卜，巫寧風。」（《殷虛書契後編》下、四二、四）《白虎通・姓名》：「殷以生日名子何？殷家質，故直以生日名子也。以《尚書》道殷家太甲、帝武丁也。于臣民亦得以生日名子何？亦不止也。以《尚書》道殷臣有巫戊，有祖己也。」王國維《魏石經考》三《古文》云：「卜辭中無巫咸，有咸戊，疑今文當作咸戊。」王引之《經義述聞》曰：「巫咸，今文蓋作巫戊。《白虎通》用今文《尚書》，故與古文不同。」］。

二十六年，西戎來賓，王使王孟聘西戎［《山海經・海外西經》郭璞注：「殷帝大戊使王孟採藥，從西王母。」］。

三十一年，王命費侯中衍爲車正［《史記・秦本紀》：「大廉玄孫曰孟戲中衍，鳥身人言。帝太戊聞而卜之使御，吉，遂致使御而妻之。」］。

三十五年，王作寅車［《詩・小雅・六月》毛萇傳：「殷曰寅車，先疾也。」］。

四十六年，大有年［據今本《紀年》］。

五十一年，王陟［據《皇極經世書》：「商王太戊五十一年。」雍子曰：按，太戊非中宗，中宗乃祖乙之廟號］。

引用書目文獻

今本竹書紀年疏證 王國維撰　中華書局

竹書紀年 方詩銘　王修齡古本竹書紀年輯證　上海古籍出版社

尚書 舊題漢孔安國傳　四部叢刊本

魏石經考 王國維著　中國社會科學出版社

經義述聞 清王引之撰　中華書局

山海經晉郭璞注　四部叢刊本
皇極經世書宋邵雍撰　中華書局四部備要影印本
積微居甲文説楊樹達著　上海古籍出版社
商周史料考證丁山著　國家圖書館出版社

仲丁

仲丁〔《史記・殷本紀》《三代世表》作中丁。〕

名莊〔據今本《紀年》〕。太戊之子〔據《史記・殷本紀》：「中宗崩，子帝中丁立。」雍子曰：據甲骨卜辭考證，祖乙廟號爲中宗。甲骨卜辭云：「中宗三鬻〇妻又祖乙。」（《殷契粹編》二四七）「……中宗祖乙，牛……吉。」（《戩壽堂殷虚文字舊拓》三、四）「其又中宗祖乙又紆。」（《殷虚文字甲編》一四八一）王國維《戩壽堂所藏殷墟文字考釋》九葉云：「《殷本紀》以大甲爲大宗，大戊爲中宗，武丁爲高宗，此本《尚書》今文說。馬、鄭古文説於大甲有異説，至以大戊爲中宗，則與今文家同。此云中宗祖乙，與自來《尚書》説全異。惟《御覽》八三引《紀年》云，祖乙滕即位，是爲中宗，居庇。又，《晏子春秋・内篇諫上》云，夫湯、大甲、武丁、祖乙，天下之盛王也。以祖乙與大甲、武丁並稱，似本周人釋《書・毋逸》之説。今以卜辭證之，知《紀年》是而古今《尚書》家説非也。」《殷卜辭中所見先公先王續考》同。〕。廟號中丁〔雍子曰：甲骨卜辭有「中丁宗」（《甲骨文合集》三八二二三），蓋中丁乃其廟號也。〕。

元年癸未。

王即位，自亳遷於囂，於河上〔《御覽》八三引《紀年》：「仲丁即位，元年，自亳遷於囂。」《史記・殷本紀》作「帝中丁遷于隞」。雷學淇《竹書紀年義證》曰：「《左傳》，莫敖必敗，《漢書・五行志》作莫囂。

《詩》，讒口囂囂，《韓詩內傳》作嗷嗷。敖囂二字古通用。」《尚書正義》云：「李顒云，囂在陳留浚儀縣。皇甫謐云，囂在河北。或曰，今河南敖倉。二説未知孰是？」《水經注・濟水》云：「濟水又東逕敖山北，《詩》所謂『薄狩於敖』者也。其山上有城，即殷帝仲丁所遷。」甲骨卜辭：「……新⿸广寿至自頃，入爻。……」（《殷契佚存》一二〇）「龜芻奉自爻，圉六人。八月。」（《燕京大學藏殷契卜辭》一二四）「……㞢、己未，寇龜芻往自爻圉……」（《殷虛書契後編》下、四一、一）雍子曰：按，凡卜辭言「入」者，非故都，即新都。此卜辭地名，殆即殷故都囂（或敖）也。」。仲丁時，藍夷作寇，或衅或服〔據《後漢書・東夷傳》：「至於仲丁，藍夷作寇，或衅或服。」丁山《商周史料考證》二八葉云：「藍夷，殆即春秋時代的濫邑。」〕。

六年，征藍夷〔據今本《紀年》。《後漢書・東夷傳》李賢注引《紀年》：「仲丁即位，征於藍夷。」《御覽》七八〇引《紀年》：「仲丁征於藍夷。」〕。

十一年，王陟〔據《御覽》八三引《紀年》：「帝仲丁在位十一年。」《通鑑外紀》同。〕。

引用書目文獻

竹書紀年統箋　清徐文靖撰　浙江書局刊本

今本竹書紀年疏證 王國維撰 中華書局

竹書紀年 方詩銘 王修齡古本竹書紀年輯證 上海古籍出版社

太平御覽 宋李昉撰 中華書局

史記 漢司馬遷撰 宋裴駰集解 唐司馬貞索隱 張守節正義 中華書局標點本

竹書紀年義證 雷學淇撰 中華書局

漢書 漢班固撰 唐顏師古注 百衲本

後漢書 宋范曄撰 唐李賢注 百衲本

商周史料考證 丁山著 國家圖書館出版社

戩壽堂所藏殷墟文字考釋 王國維著 倉聖開智大學印本

觀堂集林 王國維著 中華書局

通鑑外紀 宋劉恕撰 元胡三省注 清胡克家補注 世界書局

外壬

名發〔據今本《紀年》〕。仲丁之弟〔據《史記·殷本紀》：「帝中丁崩，弟外壬立，是爲帝外壬。」〕。

元年甲午。

王即位，居囂〔據《御覽》八三引《紀年》：「外壬居囂。」〕。

邳人、侁人叛〔據今本《紀年》。《左傳·昭公元年》：「商有姺、邳。」〕。

十年，王陟〔據今本《紀年》：「十年，陟。」〕。

引用書目文獻

竹書紀年統箋 清徐文靖撰 浙江書局刊本

今本竹書紀年疏證 王國維撰 中華書局

竹書紀年 方詩銘 王修齡古本竹書紀年輯證 上海古籍出版社

太平御覽 宋李昉撰 中華書局

左傳舊題周左丘明撰　晉杜預注　四部叢刊本

史記漢司馬遷撰　宋裴駰集解　唐司馬貞索隱　張守節正義　中華書局標點本

河亶甲

名整［據今本《紀年》］，**又名戔**［《御覽》八三引《紀年》：「河亶甲整即位。」雍子曰：按，整，甲文未見，惟見「戔甲」。郭沫若《卜辭通纂考釋》云：「戔甲，當即河亶甲。河亶者，戔之緩言也。戔甲每與卜壬同見於一片。卜壬即外壬，外壬之次爲河亶甲，世亦相次也。」甲骨卜辭：「壬午卜貞，王宊卜壬，翌日，亡尤。○甲申卜貞，王宊戔甲，□日亡尤。」（《殷虚書契前編》一、九、三）「……卜貞，王宊卜壬，肜日，亡尤。○……卜貞，王宊戔甲，肜日亡尤。」（《龜甲獸骨文字》一、一一、八）「祭戔甲，咎小甲。」（《龜甲獸骨文字》一、一一、九）「……亡𡆥。王𡆥曰，大吉。……戔甲，咎小甲。」（《卜辭通纂》一七六）］。**外壬之弟**［據《史記·殷本紀》：「帝外壬崩，弟河亶甲立，是爲帝河亶甲。」］。

元年甲辰。

王即位，自囂遷於相［據古本《紀年》：「河亶甲整即位，自囂遷於相。」《尚書正義》：「李顒云，囂在陳留浚儀縣。皇甫謐云，囂在河北。或曰，今河南敖倉。」《水經注·濟水》：「濟水又東逕敖山北，《詩》所謂『薄狩於敖』者也。其山上有城，即殷帝仲丁所遷。秦置倉其中，故亦曰敖倉城。」］，**相在河北**［皇甫謐云：「相在河北。」《括地志》：「故殷城在相州內黃縣，東南十三里，即河亶甲所築都之，故名殷城也。」］。**王徙宅西河，猶思故處，寔始作爲西音**［據《呂覽·音初》：「殷整甲徙宅西河，猶思故處，寔始作爲西音。」］。**王踐祚，**

未綏定，故徙宅，而屢用兵於淮泗。

三年，彭伯克邳〔據今本《紀年》。《國語·鄭語》：「大彭，豕韋爲商伯矣。」〕。

四年，王征藍夷〔據今本《紀年》。《御覽》八三引《紀年》：「河亶甲征藍夷。」丁山《商周史料考證》二八葉云：「藍夷，殆即春秋時代的濫邑。」又云：「相的地望，也可以《紀年》所謂『河亶甲征藍夷，再征班方』（《御覽》八三引）測之，應在洙、泗流域。藍夷，在漢代的東海郡昌慮縣。」〕。

五年，侁人入於班方〔據今本《紀年》。丁山《商周史料考證》二九葉云：「班方，可能即東海郡的裏賁。……賁班聲韻俱近，裏賁，殆即班方故居。班方藍夷俱在東海郡。那末，相，可能即沛郡的相縣。」又云：「沛國的相縣，蓋沿襲商初得舊名，宋共公居相，正因爲是河亶甲的故居。」〕。彭伯、韋伯伐班方，侁人來賓〔《御覽》八三引《紀年》：「河亶甲再征班方。」〕。

九年，王陟〔據《御覽》八三引《史記》：「河亶甲在位九年。」《通鑑外紀》同。〕。

引用書目文獻

竹書紀年統箋 清徐文靖撰 浙江書局刊本

今本竹書紀年疏證王國維撰　中華書局

竹書紀年方詩銘　王修齡古本竹書紀年輯證　上海古籍出版社

太平御覽宋李昉撰　中華書局

卜辭通纂考釋郭沫若著　中華書局

尚書正義（十三經注疏）唐孔穎達撰　清阮元編　中華書局影印本

水經注北魏酈道元撰　中華書局

括地志唐李泰撰　中華書局

呂覽秦呂不韋撰　清高誘訓解　經訓堂叢書本

國語吳韋昭注　士禮居叢書本

商周史料考證丁山著　國家圖書館出版社

史記漢司馬遷撰　宋裴駰集解　唐司馬貞索隱　張守節正義　中華書局標點本

通鑑外紀宋劉恕撰　元胡三省注　清胡克家補注　世界書局

祖乙

名滕，又名朕［《御覽》八三引《紀年》：「祖乙滕即位。」甲骨卜辭：「甲寅，且乙𡆥，㕣（关）宗。」（《殷虛書契續編》一、一六、六）按《說文》無𡆥字。楊樹達《積微居甲文說》卷下云：「……然則𡆥殆即祖乙之名，與《紀年》記名滕者文異而實同也。」又云：「按此辭與且丁㕣𣂪宗（見《殷契佚存》壹叁）文例恰同。」又甲骨卜辭：「貞，祖乙朕弗銜。」（《鐵雲藏龜》一七四、二，《殷虛書契續編》六、二五、二）楊樹達《積微居甲文說》卷下云：「朕與𡆥同，亦即《紀年》之滕也。」是也。］**河亶甲之子**［據《史記·殷本紀》：「河亶甲崩，子帝祖乙立。」］。

元年癸丑。

王即位，自相遷於耿［據今本《紀年》。雍子曰：耿，或謂邢。王國維《觀堂集林·說耿》謂邢即左氏宣公六年《傳》與《戰國策·魏策》所見之邢邱，指其地在河内懷城。《御覽》八三引《紀年》：「祖乙滕即位，是爲中宗，居庇。」］。**祖乙嚴恭祗懼，寅畏天命，自度治民，不敢荒寧，商道復興，廟爲中宗**［《書·毋逸》：「昔在殷王中宗，嚴恭，寅畏天命，自度治民祗懼，不敢荒寧。」］。

王命彭伯、韋伯［據《御覽》八三引《紀年》］。

二年，圮於耿［據今本《紀年》］，自耿遷庇，作《祖乙》［《尚書序》：「祖乙圮於耿，作《祖乙》。」］。

三年，王命卿士巫賢［據今本《紀年》。《書・君奭》：「在祖乙，時則有若巫賢。」］。巫賢乃王之藎臣［甲骨卜辭：「盡戊。」（《殷虛書契前編》一、四五、二）「于盡戊。」（《殷虛書契前編》一、四五、六）「貞，㞢于盡戊。」（《殷虛書契前編》一、四五、七）丁山《商周史料考證》云：「這位盡戊，當即巫賢了。」《逸周書・皇門》：「朕藎臣夫。」《詩・大雅・文王》：「王之藎臣。」］。

八年，城庇［據今本《紀年》。丁山《商周史料考證》云：「庇地何在？舊亦鮮徵。今自南庚自庇遷奄考之，蓋即魯國之毗與比蒲。……比蒲在魯南，毗在魯西，合二審之，宦即魯國西之費邑。」］。

十五年，王命邠侯高圉［據今本《紀年》］。

七十五年，王陟。廟號中宗，享國七十有五年［《書・毋逸》：「肆中宗之享國，七十有五年。」《御覽》八三引《史記》：「中宗在位七十有五年崩。」雍子曰：《書・毋逸》誤以大戊爲中宗也。以甲文參證，祖乙爲中宗。甲骨卜辭云：「中宗三鬣○妻又祖乙。」（《殷契粹編》二四七）「……中宗祖乙，牛……吉。」（《戩壽堂殷虛文字舊拓》三、四）「其又中宗祖乙又犳。」（《殷虛文字甲編》一四八一）王國維《觀堂集林・殷卜辭中所見先公先王考》云：「《戩壽堂所藏殷墟文字》中，有斷片，存六字，曰：『中宗祖乙牛吉。』稱祖乙爲中宗，全與古來《尚書》學家之說違異。」其於《戩壽堂所藏殷墟文字考釋》九葉云：「《殷本紀》以大甲爲大宗，大戊爲中宗，武丁爲高宗，此本

《尚書》今文說。馬、鄭古文說於大甲有異說，至以大戊爲中宗，則與今文家同。此云中宗祖乙，與自來《尚書》說全異。惟《御覽》八三引《紀年》云，祖乙滕即位，是爲中宗，居庇。又，《晏子春秋・内篇諫上》云，夫湯、大甲、武丁、祖乙，天下之盛王也。以祖乙與大甲、武丁並稱，似本周人釋《書・毋逸》之說。今以卜辭證之，知《紀年》是而古今《尚書》家說非也。」《觀堂集林・殷卜辭中所見先公先王續考》同。」。

引用書目文獻

太平御覽 宋李昉撰 中華書局

竹書紀年統箋 清徐文靖撰 浙江書局刊本

今本竹書紀年疏證 王國維撰 中華書局

竹書紀年 方詩銘 王修齡古本竹書紀年輯證 上海古籍出版社

觀堂集林 王國維著 中華書局

積微居甲文説 楊樹達著 上海古籍出版社

尚書 舊題漢孔安國傳 四部叢刊本

尚書正義（十三經注疏）唐孔穎達撰　中華書局影印本

商周史料考證丁山著　國家圖書館出版社

戩壽堂所藏殷墟文字考釋王國維撰　倉聖開智大學印本

史記漢司馬遷撰　宋裴駰集解　唐司馬貞索隱　張守節正義　中華書局標點本

戰國策校注宋鮑彪校注　元吴師道重校　四部叢刊本

逸周書晉孔晁注　四部叢刊本

晏子春秋撰人不詳　平津館叢書本

祖辛

名旦〔據今本《紀年》〕，又名彈〔楊樹達《積微居甲文説》卷下云：「按《（殷虚）書契前編》伍卷捌葉肆版云：『癸卯，卜，貞，彈鬯百牛百用。』又陸卷陸壹葉肆版云：『△王賓示彈。△隹王△八月。』按甲文未見旦字，然有彈，又稱示彈，確爲殷人所稱之神名，而彈與旦音同，疑甲文之彈即《竹書》之旦矣。」〕。祖乙之子〔據《史記·殷本紀》：「祖乙崩，子帝祖辛立。」〕。

元年戊辰。

王即位，居庇〔據今本《紀年》。〕。

十六年，王陟〔據《史記》。《御覽》八三引《史記》：「祖辛在位十六年。」《通鑑外紀》同。〕。

引用書目文獻

竹書紀年統箋 清徐文靖撰 浙江書局刊本

今本竹書紀年疏證 王國維撰 中華書局

竹書紀年　方詩銘　王修齡古本竹書紀年輯證　上海古籍出版社

太平御覽　宋李昉撰　中華書局

通鑑外紀　宋劉恕撰　元胡三省注　清胡克家補注　世界書局

積微居甲文説　楊樹達著　上海古籍出版社

史記　漢司馬遷撰　宋裴駰集解　唐司馬貞索隱　張守節正義　中華書局標點本

開甲

名踰〔據今本《紀年》。雍子曰：按，開甲，《史記》作「沃甲」。司馬貞《索隱》：「《系本》作開甲也。」〕。

祖辛之弟

元年甲申。

王即位，居庇〔據《御覽》八三引《紀年》：「帝開甲踰即位，居庇。」〕。

二十年，王陟〔據《通鑑外紀》：「在位二十年。」〕。

引用書目文獻

竹書紀年統箋清徐文靖撰　浙江書局刊本

今本竹書紀年疏證王國維撰　中華書局

竹書紀年方詩銘　王修齡古本竹書紀年輯證　上海古籍出版社

太平御覽宋李昉撰　中華書局

史記 漢司馬遷撰　宋裴駰集解　唐司馬貞索隱　張守節正義　中華書局標點本

通鑑外紀 宋劉恕撰　元胡三省注　清胡克家補注　中華書局

祖丁

名新［據今本《紀年》］，**廟號𡪤**［楊樹達《積微居甲文説》卷下云：「按《殷契佚存》貳壹柒片云：『之𡪤宗，王受又？』同片又云：『祖丁召，在弜，王受又？』又壹叁叁片云：『祖丁召𡪤宗。』《（殷虚文字）甲編》壹零肆零片云：『寴宗又？』按辭稱𡪤宗，又稱寴宗，與羌宗唐宗及前舉之又宗文例同，𡪤與寴自當是殷先王之名。𡪤字從新，新字從亲，亲新𡪤音並同，然則甲文之𡪤寴即《紀年》之新，𡪤宗寴宗殆皆謂祖丁之廟也。又『祖丁召𡪤宗』與『祖乙召𡪤关宗』文例同，彼关爲祖乙之名，知此𡪤亦當爲祖丁之名，寴新爲一事又無疑矣。《（殷契）佚存》貳壹柒片既云『𡪤宗』，又云『祖丁召』此與『且丁召𡪤宗』一辭相符契，亦可證也。」］。**祖辛之子**［據《史記·殷本紀》：「帝沃甲崩，立沃甲兄祖辛之子祖丁，是爲帝祖丁。」］。

元年甲辰。

王即位，居庇［據《御覽》八三引《紀年》：「祖丁即位，居庇。」］。

三十二年，王陟［據《御覽》八三引《史記》：「祖丁在位三十二年。」《通鑑外紀》同。］。

引用書目文獻

竹書紀年統箋清徐文靖撰　浙江書局刊本

今本竹書紀年疏證王國維撰　中華書局

竹書紀年方詩銘　王修齡古本竹書紀年輯證　上海古籍出版社

太平御覽宋李昉撰　中華書局

積微居甲文説楊樹達著　上海古籍出版社

史記漢司馬遷撰　宋裴駰集解　唐司馬貞索隱　張守節正義　中華書局標點本

通鑑外紀宋劉恕撰　元胡三省注　清胡克家補注　世界書局

南庚

名更［《御覽》八三引《紀年》：「南庚更。」］，又名㒳［楊樹達《積微居甲文説》卷下云：「按卜辭未見更字，然有㒳字，其人爲殷人之所尊祀。《鐵雲藏龜》拾玖葉貳版云：『辛△，㒳其降𦤎敗？』考更字《説文》作㪅，从攴丙聲，而金文《師虎》、《師嫠》二毁及《趩尊舀鼎》四器更字皆从㒳作𠭭，字蓋从㒳聲。甲文之㒳疑是𠭭之省形，㒳即謂南庚也。」］。開甲之子［據《史記·殷本紀》：「帝祖丁崩，立弟沃甲之子南庚，是爲帝南庚。」］。

元年丙子。

王即位，居庇［據今本《紀年》］。

三年，遷於奄［據《御覽》八三引《紀年》：「南庚更自庇遷於奄。」］。

二十九年，王陟［據《御覽》八三引《史記》：「南庚在位二十九年。」］。

引用書目文獻

竹書紀年統箋 清徐文靖撰 浙江書局刊本

今本竹書紀年疏證王國維撰　中華書局

竹書紀年方詩銘　王修齡古本竹書紀年輯證　上海古籍出版社

太平御覽宋李昉撰　中華書局

史記漢司馬遷撰　宋裴駰集解　唐司馬貞索隱　張守節正義　中華書局標點本

積微居甲文説楊樹達著　上海古籍出版社

陽甲

陽甲［今本《紀年》：「一名和甲。」楊樹達《積微居甲文説》卷下云：「按《山海經·大荒北經》郭璞注引古本《紀年》云：『和甲西征，得丹山。』按和甲之稱，與《吕氏春秋》稱河亶甲爲整甲者例同，非後人所能杜撰，此可證今本《紀年》陽甲名和之説爲可信。王靜安略無證據，謂郭注和甲爲祖甲之誤，疑撰今本《紀年》者據誤字造爲陽甲名和之説，徑以西征得丹山之事屬之祖甲，武斷甚矣。」王國維《觀堂集林·殷卜辭中所見先公先王考》云：「卜辭有羊甲，無陽甲。羅參事（振玉）證以古樂陽作樂羊，歐陽作歐羊，謂羊甲即陽甲。今案卜辭，有『曰南庚曰羊甲』六字，羊甲在南庚之次，則其即陽甲審矣。」］

名和［據今本《紀年》］。祖丁之子［據《史記·殷本紀》：「帝南庚崩，立帝祖丁之子陽甲，是爲帝陽甲。」］。

元年乙巳。

王即位，居奄［據《御覽》八三引《紀年》：「陽甲即位，居奄。」］。

三年，西征丹山戎［據今本《紀年》］。

十七年，王陟［據《御覽》八三引《史記》：「陽甲在位十七年。」又引《帝王世紀》：「十七年。」《通鑑外紀》同。］。

引用書目文獻

竹書紀年統箋 清徐文靖撰　浙江書局刊本

今本竹書紀年疏證 王國維撰　中華書局

竹書紀年 方詩銘　王修齡古本竹書紀年輯證　上海古籍出版社

太平御覽 宋李昉撰　中華書局

通鑑外紀 宋劉恕撰　元胡三省注　清胡克家補注　世界書局

積微居甲文說 楊樹達著　上海古籍出版社

史記 漢司馬遷撰　宋裴駰集解　唐司馬貞索隱　張守節正義　中華書局標點本

觀堂集林 王國維著　中華書局

盤庚

名旬〔《御覽》八三引古本《紀年》：「盤庚旬。」〕，字多父〔《鐵雲藏龜》一五一葉二版云：「戊子卜，庚于多父旬。」楊樹達《耐林廎甲文說》：「考《太平御覽》卷八十三引《竹書紀年》云：『盤庚旬自奄遷于北蒙，曰殷。』知盤庚又名旬。辭云多父旬，旬蓋盤庚之名，多父其字。古人於名字並舉，必先字而後名，此辭正與之合。」〕。陽甲之弟〔據《史記·殷本紀》：「帝陽甲崩，弟盤庚立，是爲帝盤庚。」〕。

元年壬戌。

王即位，居奄〔雍子曰：奄，古國名。今山東曲阜縣東有奄里，傳即古奄國地。《書·蔡仲之命》：「成王東伐淮夷，遂踐奄。」《後漢書·郡國志》：「魯有古奄國。」〕。

七年，應侯來朝〔《水經注·滍水》《漢書·地理志》注引臣瓚曰：「《汲冢古文》殷時已有應國。」〕。

十四年，自奄遷北蒙〔《御覽》八三引古本《紀年》：「盤庚旬自奄遷於北蒙，曰殷。」雍子曰：殷墟近無以北蒙爲名之域，而商邱之近有蒙澤可尋。自來經師考證《紀年》，皆謂北蒙乃今之殷墟，乃忽略北蒙地望所致也。《水經》：「（汳水）又東，至梁郡蒙縣爲獲水。」注云：「（獲水）又東南流，逕於蒙澤。」又注云：「汳水又東，逕蒙縣故城北。俗謂之小蒙城也。」王國維《說殷》：「殷之爲洹水南之殷墟，蓋不待言。然自《史記》以降，皆以殷爲亳，其誤始於今文《尚書序》訛字。《尚書序》云盤庚五遷，將治亳殷。束皙謂孔子壁中《尚書》作『將始宅殷』。……束暫所見，自當不誣，且亳殷二字，未見於古籍，《商頌》言宅殷土茫茫，《周書・召誥》言宅新邑。」〕，涉泗水入睢、汴之間，近南土〔據丁山《商周史料考證》〕，宅於河南之殷地〔雍子曰：蒙爲北亳，考其地望，殆即今之河南商丘北大蒙城。《國語・楚語》曰：「武丁自河徂亳。」又曰：「武乙立，殷復去亳徙於河北。」《帝王世紀》：「帝乙復濟河，北徙朝歌，其子紂仍都焉。」故可以互相證發，盤庚遷於北蒙，本在河南，不在河内。河内小屯，乃武丁所遷。王國維《説殷》謂「蓋即盤庚以來殷之舊都」，還失之間。」〕。

北蒙之殷地沮濕，民不適有居，咨胥皆怨，不欲遷徙〔《史記》裴駰《集解》引孔安國曰：「民不欲徙，皆咨嗟憂愁，相與怨其上也。」〕。率籲衆戚，出矢言。盤庚曰：「我王來，既爰宅於兹，重視民命。不能相匡以生，卜稽將如何〔《周禮・春官・大卜》：「國大遷、大師，則貞龜。」〕？先王有服，恪謹天命，兹猶不常寧。不常厥邑，於今五邦。今不承於古，罔知天之斷命，爰曰其能從先王之烈。若顛木之有由蘖，枯而萌生，天其永我命於兹新邑，紹復先王之大業，安定四方〔據《書・盤庚上》〕。」

盤庚作涉河之具，謀涉河以民遷。乃合會民之不循教遷居者，善言告之以誠。其有衆咸造涉河之具。盤庚乃曰：「明聽朕言，無荒失朕命。嗚呼！古我前后，罔不惟民之承保，厚相親善，以不罰於天時〔據《書・盤庚中》〕。」

盤庚教於民，告在位以法舊制，飭正法紀，曰：「無或敢伏小人之所箴。」王命衆，悉至於庭〔據《書·盤庚上》〕。

王曰：「予告汝訓汝，由去乃私，無傲從逸。古我先王，亦惟圖任舊人共政。王播告之修，不匿其指，王用大敬，罔有過言，民故大變。今汝讙言，任意妄談，申述邪惡浮誇，予弗知汝所爭辯！非予自荒茲德，惟汝含德，不施予一人。予若見事之明，予亦見事不明，放縱汝爲。若綱在維紘之繩，有條而不紊。若農服於田，力穡乃大有收穫。汝能去除乃私，施實德於民，至於親友，丕乃敢大言，汝有積德！乃不畏戒毒於遠近，惰農自安，不勉力作勞，不服田畝，罔有黍稷〔據《書·盤庚上》〕。」

王又曰：「汝不宣吉言於百姓，惟汝自生禍害。乃惡跡敗露而遭禍，以自災於其身。乃既先惡於民，乃承受其痛苦，汝悔身何及！相時憸民，猶相顧於箴言，其出有過言，況予制汝短長之命！汝何不告朕，而相動以浮言？恐沈於衆，若火之燎於原，不可向近，其猶可撲滅？則惟汝衆自作不善，非予有咎〔據《書·盤庚上》〕！」

王曰：「昔者遲任，賢史也。嘗曰：『人惟求舊，器非求舊，惟新。』古我先王，暨乃祖乃父，相與勤勞，予敢動用非罰？世選爾勞，予不掩爾善。茲予大享於先王，爾祖其從予享之。作福作災，予亦不敢動用非德。遷都之難，不可輕發，或遷或否，功罪在汝等。汝無侮老成人，無弱孤有幼，各長於其居，勉出乃力，聽予一人之作猷。無有遠近，用罪伐其死，用德彰其善。邦之善，惟汝衆。邦之不善，惟予一人有失罪。凡爾衆，其惟致告。從今往後，各奉解爾事，齊乃位，杜塞浮言，罰及爾身，不可悔［據《書·盤庚上》］。」

盤庚又曰：「今予將試以汝遷，安定其邦。汝不憂朕心之所困，乃皆大不和乃心，欽念以忱。嗚呼！今予告汝不易，永敬大恤，無相疏遠，汝相從同心同德。若有不吉不善，狂逾不恭，偶睦智故，曲巧僞詐，我乃殄滅之，無遺胄，無使延於茲新邑。往哉自營其生，永建乃家［據《書·盤庚中》］。」

盤庚迺告諭諸侯大臣曰：「昔高后成湯與爾之先祖俱定天下，法則可修。舍而弗勉，何以成德［據《史記·殷本紀》］。」遂遷北蒙。

盤庚既遷，奠其所居，正郊廟朝社之位［據《書·盤庚下》］。乃行成湯之政，然後百姓由寧，殷道復興。諸侯來朝，以其遵成湯之德也［據《史記·殷本紀》］。

十五年，營殷邑［據今本《紀年》］。

十九年，王命瓊侯亞圉［據今本《紀年》］。

二十五年，王陟［據《皇極經世書》：「商王盤庚二十五年。」］。

引用書目文獻

太平御覽宋李昉撰　中華書局

竹書紀年統箋清徐文靖撰　浙江書局刊本

今本竹書紀年疏證王國維撰　中華書局

竹書紀年方詩銘　王修齡古本竹書紀年輯證　上海古籍出版社

史記漢司馬遷撰　宋裴駰集解　唐司馬貞索隱　張守節正義　中華書局標點本

説殷王國維著　中華書局

商周史料考證丁山著　國家圖書館出版社

國語吴韋昭注　士禮居叢書本

帝王世紀晉皇甫謐撰　清宋翔鳳集校　訓纂堂叢書本

尚書舊題漢孔安國傳　四部叢刊本
尚書正義（十三經注疏）唐孔穎達撰　清阮元編　中華書局影印本
皇極經世書宋邵雍撰　中華書局四部備要影印本
耐林廎甲文説楊樹達著　上海古籍出版社
周禮漢鄭玄注　四部叢刊本

小辛

名頌，稱龔㓝［據今本《紀年》。楊樹達《積微居甲文説》卷下云：「按《（殷虚）書契前編》柒卷廿捌葉壹版云：『△大貞，乍竒小㓝，亡𢓊？』《龜甲獸骨文字》卷壹廿陸葉柒版云：『丁酉卜，△貞，小㓝△，隹丁△。八月。』《簠室殷契徵文・人名》叁版云：『△午卜，大貞，翌癸未，㞢于小㓝，三宰，葡一牛。』（又見《續編》貳卷拾捌之壹）。又肆版云：『丙申△，出貞，翌小㓝，日叀癸，八月。』按小㓝即小辛也。㓝字从丁，又所从之辛字下皆作曲出之形。《殷契叕存》貳拾肆版云：『△丑，侑于五后，至于龔㓝。』㓝字同，余謂龔㓝即小辛也。知者，小辛名頌，頌从公聲，古讀與公同。《史記・吕后紀》云：『未敢訟言誅之』，《集解》引徐廣云：『訟一作公』，是其證也。龔與公音同，小辛名頌稱龔㓝，猶河亶甲稱整甲，陽甲名和稱和甲矣。」］。**盤庚之弟**［據《史記・殷本紀》：「帝盤庚崩，弟小辛立，是爲帝小辛。」］。

元年丁亥。

王即位，居殷［據《御覽》八三引《紀年》：「小辛頌即位，居殷。」］。

三年，王陟［據今本《紀年》：「三年，陟。」］。

引用書目文獻

竹書紀年統箋　清徐文靖撰　浙江書局刊本
今本竹書紀年疏證　王國維撰　中華書局
竹書紀年　方詩銘　王修齡古本竹書紀年輯證　上海古籍出版社
太平御覽　宋李昉撰　中華書局
積微居甲文説　楊樹達著　上海古籍出版社
史記　漢司馬遷撰　宋裴駰集解　唐司馬貞索隱　張守節正義　中華書局標點本

小乙

名斂〔據今本《紀年》〕。小辛之弟〔據《史記·殷本紀》：「帝小辛崩，弟小乙立，是爲帝小乙。」〕。

元年庚寅。

王即位，居殷〔《御覽》八三引《紀年》：「小乙斂即位，居殷。」〕。

六年，王命世子昭，居於河，學於甘盤〔據今本《紀年》。《書·毋逸》：「其在高宗，舊勞于外。」《書·説命下》：「台小子舊學于甘盤，既乃遯于荒野，入宅于河。」〕。

十年，王陟〔據今本《紀年》：「十年，陟。」〕。

引用書目文獻

竹書紀年統箋 清徐文靖撰　浙江書局刊本

今本竹書紀年疏證 王國維撰　中華書局

竹書紀年 方詩銘　王修齡古本竹書紀年輯證　上海古籍出版社

太平御覽宋李昉撰　中華書局

尚書舊題漢孔安國傳　四部叢刊本

夏商周斷代工程一九九六—二〇〇〇年階段成果報告　世界圖書出版公司

史記漢司馬遷撰　宋裴駰集解　唐司馬貞索隱　張守節正義　中華書局標點本

武丁

名昭［據今本《紀年》］。小乙之子［據《史記·殷本紀》：「帝小乙崩，子帝武丁立。」］。

元年庚子。

武丁舊學於師般［《書·説命下》：「台小子（武丁）舊學于甘盤。」今本《紀年》：「小乙六年，命世子昭，居於河，學於甘盤。」］，勞於外，涉世之艱，爰暨小人［《書·毋逸》：「舊勞于外，爰暨小人。」］，乃遯於荒野，入宅於河。王父陟，自北蒙涉大河，徂於河内之亳［《國語·楚語》：「昔殷武丁能聳其德，至於神明，以入於河，自河徂亳。」韋昭解曰：「武丁遷於河洛，從河内往都亳也。」雍子曰：亳，乃河内小屯也。］。師般食於甘土，因以甘爲氏，曰盤［《書·君奭》：「在武丁，時則有若甘盤。」］。

武丁多婦［《禮記·昏義》：「天子有二十七世婦。」雍子曰：武丁之世婦見於甲骨卜辭者多及六十四氏，然據殷卜辭其配列於特祭者，止妣戊、妣辛、妣癸三氏，以餘氏皆無子爲王故也。據楊樹達《耐林廎甲文説》云：「武丁止有祖庚、祖甲二人爲王，而有配妣戊、妣辛、妣癸三人見祀者，以祖庚、祖甲有兄孝己，雖未即王位，甲文中有小王父己之稱，殷人蓋亦以王視之，故其母得與於特祭也。」］，其配立三夫人［《禮記·曲禮》：「天子有夫人。」《昏義》：「天子立三夫人。」］。惟婦好爲適后［甲骨卜辭：「貞，㞢來，嬪婦好，不隹母庚。」（《鐵雲藏龜》二六

一、一）」「□寅卜，韋貞，嬪婦好。○貞，弗其嬪婦好。」（《殷虛書契前編》七、二四七、四）雍子曰：卜辭關於婦好紀載，不下數十見。王主祭，婦相禮曰嬪。嬪婦好，乃武丁禘於大廟，用致夫人也。《禮記・祭統》：「會於大廟……君執鸞刀，羞嚌；夫人薦豆，此之謂夫婦親之。」又《禮器》：「大廟之内敬矣……君親制祭，夫人薦盎，君親割牲，夫人薦酒。」」，生適子小王子漁「甲骨卜辭：「壬申卜，㝑貞，呼子漁㞢子。」（《戩壽堂殷虛文字舊拓》四三、八）雍子曰：子漁之墓緊鄰婦好墓，是以彰其孝，故子漁即小王孝己也。據史書記載，武丁之子僅三人，乃祖己、祖庚、祖甲也。子漁既是武丁適子，亦即史書所記之祖己也。子漁死稱祖己，乃其廟號。子漁因有孝行，後以孝己傳世焉。孝己雖未即王位，甲文中有小王父己之稱，詳見于省吾《雙劍誃殷契駢枝三編》一二葉《釋小王》」。婦好受王命，嘗征伐羌、夷、芍、土方諸族「甲骨卜辭：「甲午卜，㝑貞王叀帚好令征夷。」（《殷契佚存》五二七）」，戰尤驍果，帥師多者萬三甲士「甲骨卜辭：「辛巳卜貞，登婦好三千，登旅一萬，乎伐芍。」（《庫方二氏藏甲骨卜辭》三一〇）」。武丁時，殷頻伐諸方。王及婦好與而伯龜、侯告比伐之西夷，巴及下危反叛之族同被征討「據饒宗頤《小臣牆刻辭地理考正》：「武丁時，王及婦好與而伯龜、侯告比伐之夷，當是西夷，故與巴及下危爲同時被征討之反叛部族。」」。婦好有封地，納貢於王，戰殁「雍子曰：殷墟婦好墓棺内並無人骨，墓主葬式不明，乃循殷禮制，戰殁不入兆域也。《周禮・冢人》：「凡死於兵者，不入兆域。」姜兆錫云：「王族無斬刑，罄于甸師氏，若戰而死者，則有之矣，以非全歸，故不居域以内。」」，謚母辛「甲骨卜辭：「辛亥卜貞，王室武丁，爽妣辛，賓，亡尤。」（《殷虛書契前編》一、一七、四）」。婦姘爲配「甲骨卜辭紀載婦姘氏入夕者夥。「婦姘氏五夕。亘。」（《龜甲獸骨文字》一、一八、二）「婦姘氏七夕。宂。」（《戩壽堂殷虛文字舊拓》三五、六）」，生子庚。厥承王命，躬稼而受年「甲骨卜辭：「婦姘受黍年。」（《殷虛書契前編》四、三九、六）」，謚母戊「甲骨卜辭：「戊子卜貞，王室武丁，奭妣戊，賚，亡尤。」（《殷虛書契後編》上、四、八）」。婦粤爲配「雍子曰：殷墟婦好墓所出銘文有「司粤母」。」，生子甲，謚母癸「甲骨卜辭：「癸未卜貞，王室武丁，奭妣癸，賚，亡尤。」（《殷虛書契後編》上、四、九）」。三寢俱襄王之內治「《說苑・修文》：「……今文師說，天子三寢。」甲骨卜辭：「……三婦，宅新帚。」（《殷虛書契前編》一、三〇、五）《禮記・昏義》：「天子立三夫人。」」，婦好、婦姘善戎征「甲骨、辭：「壬申卜，㱿貞，令婦好从者戠伐印方，受虫又。」（《殷契粹編》一二三〇）「呼婦井伐龍方。」（《殷虛書契續編》四、二六、三）「呼婦井勹舞往于蠶。」（《殷虛書契續編》五、二六、二）」，有功於王。王嘗命婦好賁祀「甲骨卜辭：「貞，勿呼㚇往賁。」（《鐵雲藏龜》四五、一）」，會婦姘稍食稽其功事，生穜稑之種「甲骨卜辭：「乙丑貞，婦井田雈。」（《殷虛文字甲編》三〇〇一）「貞，婦井黍雈。」（《殷虛書契續編》四、二五、四）「乙丑卜，古貞，婦井魯于黍年。」（《殷契佚存》五三一）「辛丑卜，㱿貞，婦井呼黍□商。」（《殷虛書契續編》四、二六、一）」。

王多子，祖庚，祖甲二子承祧。武丁扑作教刑，呼多方小子，小臣，入瞽宗以教戒「《禮記・明堂位》：「瞽宗，殷學也。」甲骨卜辭：「丙子卜貞，多子其征學版，不冓大雨。」（《龜甲獸骨文字》

二、二五、九）雍子曰：「瞽宗」一辭，未見於甲文，然有多子多臣入學紀録。「……學于入……若。」（《燕京大學藏殷契卜辭》七一七）「其呼多方小子，小臣，其教戒。」（《殷契粹編》一一六二）］，使知君臣之義，上下之位。

臨御之始，王命甘盤爲亞旅師氏［《書·君奭》：「在武丁，時則有若甘盤。」甘盤，《史記·燕世家》作甘般，甲骨文作自般。「令自般。」（《殷虚書契前編》一、四九、二）「……卜亞般歲。」（《鄴中片羽》三、下、四四、四）「甲寅卜，貞令左子眔邑子眔師般受禽［佑］。十一月。」（《法國所藏甲骨録》CFS一六）「貞勿令師般取［卅邑］于彭龍。」（《殷契摭佚續編》一四七）「……［令師般］取卅邑［于］彭龍。」（《甲骨文合集》七〇七三）「……［令師］般［取卅邑于］彭龍。」（《甲骨文合集》一四七七五）］，總攝其政，並伐吉方［甲骨卜辭：「乎般伐吉□。」（《殷虚書契前編》六、五八、四）］。丁憂之日，祖己曰：「王勿憂，先修政事。」又曰：「惟天監下典厥義，降年有永有不永。非天夭民，中絶其命。民有不若德，不聽罪，天既附命正其德，乃曰其奈何。嗚呼！王嗣敬民，罔非天繼，常祀毋禮於棄道［據《史記·殷本紀》］。」王既宅憂，囟言三年［《書·毋逸》：「作其即位，乃或亮陰，三年不言。」］。其惟不言，言乃雍也。政事決定於冢宰，以觀國風［《史記·殷本紀》：「三年不言，政事決定於冢宰，以觀國風。」裴駰《集解》引鄭玄曰：「冢宰，天官卿貳王事者。」］。

武丁能聳厥德，至於神明，於是乎三年囟言，默以思道。卿士患之，咸諫於王曰：「嗚呼！知之曰明哲，明哲實作則。王惟君萬邦，百官承式，王言惟作命。若不言，臣下無所稟令也。」王於是作書，誥曰：「以我正於四方，我恐德之不類，茲故不言。」王既免喪，曰：「夢帝責予良弼，其代予言。」乃審其象，俾以形旁求四方〔據《書·説命上》〕。

三年，武丁使百工營求諸野，於版築間得傅説〔《尚書序》：「使百工營求諸野，得諸傅説。」《史記·殷本紀》：「於是迺使百工營求之野，得説於傅險中。……故遂以傅險姓之，號曰傅説。」〕，惟肖。説者，殷之胥靡也。居北海之洲〔《史記》裴駰《集解》引徐廣曰：「《尸子》云傅巖在北海之洲。」司馬貞《索隱》：「舊本作『險』，亦作『巖』也。」張守節《正義》〔括〕地（理）志云：「傅險即傅説版築之處，所隱之處窟名聖人窟，在今陝州河北縣北七里，即虞國、虢國之界。又有傅説祠。《注水經》云沙澗水北出虞山，東南逕傅巖，歷傅説隱室前，俗名聖人窟。」〕，圜土之上，衣褐帶索，庸築於傅巖之城〔《墨子·尚賢下》：「昔者傅説居北海之洲，圜土之上，衣褐帶索，庸築於傅巖之城。」〕。傅説以夢徵見信於武丁，王得而與之語，果然聖人，迺用之左右，使之接天下之政，而治天下之民，殷國大治。故遂以傅險姓之，號曰傅説。

六年，王冊命傅說，舉以爲太宰〔《宰峀毁銘》：「宰峀貝五朋。用作寶鼎。」（《三代吉金文存》八、一九）《墨子·尚賢下》：「武丁得而舉之，立爲三公，使之接天下之政，而治天下之民。」〕。太宰既相武丁〔《莊子·大宗師》：「傅說得之，以相武丁，奄有天下。」〕，王使朝夕規諫，曰：「若金，用汝作礪；若津水，用汝作舟；若天旱，用汝作霖雨，啓乃心，沃朕心；若藥，不瞑眩，厥疾弗瘳；若跣，不視地，厥足用傷。惟暨乃僚，罔不同心以匡乃辟，俾率先王，迪我高后，以康兆民。」又曰：「嗚呼！欽予時命，其惟有終〔據《書·說命上》〕！」

說覆於王曰：「惟木從繩則正，后從諫則聖。后克聖，臣不命其承，疇敢不祗若王之休命〔據《書·說命上》〕？」

惟說命總百官，乃進於王曰：「嗚呼！明王奉若天道，建邦設都，樹后王君公，承以大夫師長，不惟逸豫，惟以亂民。惟天聰明，惟聖時憲，惟臣欽若，惟民從治。惟口起羞，惟甲冑起戎，惟衣裳在笥，惟干戈省厥躬，王惟戒茲！允茲克明，乃罔不休。惟治亂在庶官。官不及私昵，惟其能；爵罔及惡得，惟其賢。慮善以動，動惟厥時。有其善，喪厥善；矜其能，喪厥功，惟事事，乃其有備，有備無患。無啓寵納侮，無恥過作非。惟厥攸居，政事惟醇。黷於祭祀，時謂弗欽。禮煩則亂，事神則難

〔據《書·説命中》〕。」

王曰：「旨哉，説！乃言惟服。乃不良於言，予罔聞於行〔據《書·説命中》〕。」

説拜稽首，曰：「非知之艱，行之惟艱。王忱不艱，允協於先王成德，惟説不言，有厥咎〔據《書·説命中》〕。」

王曰：「爾惟訓於朕志，若作酒醴，爾惟麴蘖；若作和羹，爾惟鹽梅。爾交修予，罔予棄，予惟克邁乃訓〔據《書·説命下》〕。」

説曰：「王！人求多聞，時惟建事。學於古訓乃有獲；事不師古，以克永世，匪説攸聞。惟學遜志，務時敏，厥修乃來。允懷於茲，道積於厥躬。惟教學半，念終始於典於學，厥德修罔覺。監於先王成憲，其永無愆。惟説式克欽承，旁招俊乂，列於庶位〔據《書·説命下》〕。」

王曰：「嗚呼，説！四海之内仰朕德，時乃風。股肱惟人，良臣惟聖。昔先正保衡作我先王，乃曰：『予弗克俾厥后惟堯舜，其心愧恥，若撻於市。』一夫不獲，則曰：『時予之辜。』佑我烈祖，格於皇天。爾尚明保予，罔俾阿衡專美有商。惟后非賢不治，惟賢非后不食。其爾克紹乃辟於先王，永綏民〔據《書·説命下》〕。」

説拜稽首，曰：「敢對揚天子之休命［據《書・説命下》］！」

武丁得輔，靡不勝。邦畿千里，維民所止，肇域彼四海［《詩・商頌・玄鳥》：「龍旂十乘，大糦是承。邦畿千里，維民所止，肇域彼四海。」］，諸侯有天下，猶運之掌也［據《孟子・公孫丑上》］，殷道重熙。

是時，輿地東不過江黃，西不過氐、羌，南不過荆蠻，北不過朔方，而頌聲作，禮廢而復興［據《漢書・嚴朱吾丘主父徐嚴終王賈傳》］。

王視學，養國老於右學，養庶老於左學［今本《紀年》：「視學養老。」《禮記・王制》：「凡養老……殷人以食禮。」「殷人養國老於右學，養庶老於左學。」「殷人……縞衣而養老。」］。

十二年，武丁報祀上甲微［今本《紀年》：「十二年，報祀上甲微。」《國語・魯語》：「上甲微能帥契者也，商人報焉。」］。

二十五年，子漁以疾卒於野［據今本《紀年》：「二十五年，王子孝己卒於野。」雍子曰：卜辭有「子漁有疾，乃以疾告於祖也」。］。厥母早死，有孝行［《莊子・外物》《吕覽・必己》：「人親莫不欲其子之孝，而孝未必愛，故孝己憂而曾參悲。」］，一夜五起，視衣之厚薄，枕之高下也［《尸子》：「有孝行，一夜五起，視衣之厚薄，枕之高下也。」］。子漁愛其親，天下欲以爲子［《戰國策・秦策一》：「孝己愛其親，天下欲以爲子。」」。王惑後妻言，子漁被放逐而死［《尸子》：「其母早死，高宗惑後妻言，放之而死。」］，後以孝己傳世。

二十八年，戊使來聞［據董作賓《殷曆譜·武丁日譜》三葉引甲骨卜辭：「癸巳卜，㱿貞：［旬亡（𡆥）］？甲午，㞢聞，曰：［戊☒使𠭯复］。七月。在□（一）。」「甲午，㞢聞。曰：［戊☒使𠭯复］。七月。在□。」］。

八月乙卯，武丁往於敦，大采，遇雨［據董作賓《殷曆譜·武丁日譜》四葉引甲骨卜辭：「乙卯卜，㱿貞：［今日王往于臺］？之日大采，雨，王不步。」（《殷契粹編》一六四三）］。

十二月己卯，媚子寅入俎羌十人［據董作賓《殷曆譜·武丁日譜》四葉引甲骨卜辭：「己卯，媚子寅入俎羌十。」］。

二十九年，王又歲於高祖乙［雍子曰：周公作《毋逸》，稱武丁爲「高宗」者，乃由《商書》之《高宗肜日》誤會而來。高宗肜日者，當是「王窔高祖，肜日亡尤」省文，即武丁歲於高祖乙也。甲骨卜辭可以參正。「甲寅卜，其又歲于高祖乙，一牢、三牢。」（《殷契粹編》一六五）「乙未卜，□貞，王窔大乙，肜日，亡尤。」（《殷契粹編》一五九）］，肜祭太廟，有雉飛來，登鼎耳而呴［今本《紀年》：「二十九年，肜祭太廟，有雉來。」《書·高宗肜日》：「高宗祭成湯，有飛雉升鼎耳而雊。」］。遂作《肜日》，以訓諸王［《書·高宗肜日》：

「祖己訓諸王，作《高宗肜日》。」」。

是年，武丁頻伐下危，下危乃方國［于省吾《甲骨文字釋林》：「早期甲骨文，以『下𠂤（危）』與『𠂤（危）方』爲方國名者習見。」」，興方所在也［據饒宗頤《小臣牆刻辭地理考正》：「至於下危地望，實可以興方所在證之。……《説文・邑部》有鄭州，許君云未詳。殆即殷之興方地，曰戍興，是爲設戍之所。唐代有興州，戰國時爲白馬氏。」《元和郡縣志》：「興州，禹貢梁州之域，戰國時爲白馬氏之東境。」」。王伐下危，戍於興方，伐美既克，收其衆於甘，以爲京觀［據饒宗頤《小臣牆刻辭地理考正》。雍子曰：甲骨卜辭有「……溪于祖乙，用美于祖丁，僼甘京，易……」（《甲骨文合集》三六四八一）饒宗頤云：「甘字，《總集》誤釋作『曰』。甘者，即蜀地要隘之甘亭。《元和郡縣圖志》『鄠縣』下云：『甘亭在縣西五里。』又『褒城縣』下云：『甘亭關在縣北九里，今爲戍。』」《史記》張守節《正義》：「《括地志》云：『故周城，一名美陽城，其地有美陂。』」」。

一月甲午，王往逐冢，小臣叶車馬。硪馭王車，子央亦墜［據董作賓《殷曆譜・武丁日譜》四葉引甲骨卜辭：「癸巳卜，㱿貞，旬亡囚？王固曰：乃兹亦㞢希。若偁！甲午，王往逐冢，小臣叶車馬，硪馭王車，子央亦墜。」」。二月，登人伐下危［據董作賓《殷曆譜・武丁日譜》五葉引甲骨卜辭：「□□（卜）賓貞：「登人伐下危，受㞢之」？」（《殷虛書契續編》三、三七、一）。雍子曰：武丁卜辭頻見下危，見於《合集》六四七六—六五三〇。」」。

三月庚辰，王往省於治［據董作賓《殷曆譜・武丁日譜》引甲骨卜辭：「□□（卜）□貞：王往省于𦎫。」（《殷虛文字甲編》一三）楊樹達《卜辭求義》云：「《殷契粹編》一一七六片云：『乙酉，卜，王𦎫缶，受又？』郭沫若云：𦎫者，撻伐也。《詩·魯頌》：『敦商之旅。』《宗周鐘》：『王𦎫伐其至。』（《卜辭通纂考釋》一五一下）《殷契遺珠》三九三片云：『辛卯，卜，大貞：洹弘，弗𦎫邑？七月。』樹達按：𦎫經傳通作敦。此貞：洹水盛漲，不至敦迫商邑否也。《詩·北門》《常武》《釋文》並引韓詩云：『敦，迫也。』《後漢書·班彪列傳下》注云：『敦，猶迫逼也。』」雍子曰：𦎫，釋爲敦，治也。《廣韻》都回切，平灰端。諄部。《詩·魯頌·閟宫》：「敦商之旅。」鄭玄箋：「敦，治也。」朱熹《集傳》：「敦，治之也。」《荀子·榮辱》：「以敦比其事業。」王念孫按：「敦，比皆治也。」」。三月丙戌，王命望乘伐下危「據董作賓《殷曆譜·武丁日譜》引甲骨卜辭：「丙戌卜，㱿貞「今春王从望乘伐下危，我受㞢又」？」（《鐵雲藏龜》二四九、二）」。丁酉，沚戠來報，謂土方、𢀛方同時入寇，土方傷殷東鄙二邑，𢀛方牧殷西鄙之田「據董作賓《殷曆譜·武丁日譜》五葉引甲骨卜辭：「癸巳卜，永貞：「旬亡囚」？王固曰：「㞢希其㞢來嬉，三至」。七日己巳，允㞢來嬉自西，昰友角告曰：土方显于我東鄙，𢦏二邑。𢀛方亦牧我西鄙田。」（《殷虛文字甲編》一七）」。四月，角自岏來告，𢀛方侵境「據董作賓《殷曆譜·武丁日譜》五葉引甲骨卜辭：「癸亥卜，㱿貞：「旬亡囚」？王固曰：「㞢希其㞢來嬉？三至」。七日己巳，允土來嬉自西。昰友角告曰：「𢀛方出，牧我示㚇田，七十五人。」」」。六月，王比望乘伐下危。比興方伐下危「甲骨卜辭：「貞，王比興方伐下危。」（《甲骨文合集》六五三〇正）」。奚來降，其執衆「甲骨卜辭：「隹衣，雞子來降，其執衆。」（《周原甲骨》三一、二）饒宗頤《小臣牆刻辭地理考正》：「伐下危之人物，望乘之外又有奚。字亦作雞或谿。」又《晚殷伐夷方路程宜屬西夷地名論》曰：「甘肅靈臺草坡出土《谿伯彝》，奚即谿，地在靈臺。」」。**王於八月比奚伐下危**［據饒宗頤《小臣牆刻辭地理考正》引董作賓、嚴一萍《武丁日譜》］。**十一月，王再命伐下危，命多紖比望乘伐下危**［據董作賓《殷曆譜・武丁日譜》七葉引甲骨卜辭：「辛丑卜，賓貞：［令多紖从望乘伐下危，受㞢又」？」（《庫方二氏藏甲骨卜辭》四七）（《殷虛書契後編》上、三一、九）」。**十二月，己未、庚申，王再命望乘伐下危**［據董作賓《殷曆譜・武丁日譜》八葉引甲骨卜辭：「己未卜，亘貞：［今春王乍从望乘伐下危，下上若，受我（又）」？」（《庫方二氏藏甲骨卜辭》五五）。「（庚）申卜，□貞：［今春（王从）望乘伐下危，（下上）若，（受）我（又）」？」（《庫方二氏藏甲骨卜辭》五六）（《殷虛書契續編》三、一二、一）」。**歲末，王命羽以戈人伐𢀛方，登人五千呼伐𢀛方，又命多臣及戉早等伐𢀛方**［據饒宗頤《考證方法舉例與地名研究聯繫性綜述》引董作賓、嚴一萍《武丁日譜》］。

三十年，春，王從沚戠伐土方［據董作賓《殷曆譜・武丁日譜》九葉引甲骨卜辭：「庚申卜，㱿貞：［今春王循土方，（受）㞢（又）」？」（《殷虛文字甲編》七一二）「庚申卜，㱿貞：［今春王循伐土方」？」（《殷虛文字甲編》七一二）「庚申卜，㱿貞：［伐土方，受（㞢又）」？」（《龜卜》二、九、二）「庚申卜，（㱿）貞：［今春（王）循（伐土方）」？」（《龜卜》一、二七、一一）「辛丑卜，㱿貞：［王从沚戠伐土方」。」（《殷虛文字甲編》七三）（《鐵雲藏龜》一二三、二）（《庫方二氏藏甲骨卜辭》一五九九、《殷契粹編》一一〇四）」。**五月，王從沚戠伐土方**［據董作賓、嚴一萍《武丁日譜》引甲骨卜辭：「戊午卜，賓貞，王從沚戠伐土方」。（《殷虛書契後編》上、一七、五）〕。

三十一年，王數伐舌方〔據董作賓《殷曆譜・武丁日譜》引甲骨卜辭。〕。

三十二年，武丁伐鬼方。將啟而卜，無咎徵，鬼方遠颺〔《易・既濟》：「高宗伐鬼方。」甲骨卜辭：「己酉卜，丙〔貞〕，鬼方易，〔亡〕囗。五月。」（《殷虛文字甲編》三三四三）丁山《商周史料考證》七四葉云：「易，蓋讀爲颺。」〕。

王奮伐於荊楚〔據今本《紀年》：「次於荊。」《詩・商頌・殷武》：「撻彼殷武，奮伐荊楚。」〕。

三十四年，氐、羌來賓〔據今本《紀年》〕。

三十五年，武丁伐鬼方，克之〔《易・既濟》九三爻辭：「高宗伐鬼方，三年克之。」〕。

四十三年，王師滅大彭〔據今本《紀年》。《國語・鄭語》：「彭姓，彭祖、豕韋、諸稽，則商滅之矣。」〕。

五十年，武丁征豕韋，克之，乃命豕韋司星，以挈天地，傳曆數〔據今本《紀年》：「五十年，征豕韋，克之。」《莊子・大宗師》：「狶韋氏得之，以挈天地。」狶韋氏，《左傳・襄公二十四年》作豕韋氏。甲骨卜辭：「丁丑卜，韋貞，使人于我。」（《戩壽堂所藏殷虛文字舊拓》二六、八）〕。

五十九年，王陟〔據《夏商周年表》。古文《書・毋逸》：「肆高宗之享國五十有九年。」《御覽》八三引

《帝王世紀》：「武丁在位五十九年。」」。

引用書目文獻

竹書紀年統箋 清徐文靖撰　浙江書局刊本
今本竹書紀年疏證 王國維撰　中華書局
竹書紀年 方詩銘　王修齡古本竹書紀年輯證　上海古籍出版社
尚書 舊題漢孔安國傳　四部叢刊本
尚書正義（十三經注疏）唐孔穎達撰　中華書局影印本
國語 吳韋昭注　士禮居叢書本
毛詩 漢毛亨傳　鄭玄箋　四部叢刊本
毛詩正義（十三經注疏）唐孔穎達撰　清阮元編　中華書局影印本
雙劍誃殷契駢枝三編 于省吾著　中華書局
説苑 漢劉向撰　四部叢刊本

甲骨文合集（釋文） 胡厚宣主編　中國社會科學出版社
太平御覽 宋李昉撰　中華書局
耐林廎甲文説 楊樹達著　上海古籍出版社
史記 漢司馬遷撰　宋裴駰集解　唐司馬貞索隱　張守節正義　中華書局標點本
墨子 舊題周墨翟撰　清孫詒讓閒詁　涵芬樓影印本
莊子 舊題周莊周撰　晉郭象注　四部叢刊本
漢書 漢班固撰　唐顏師古注　百衲本
殷曆譜 董作賓撰　秦始皇兵馬俑博物館藏董作賓手批本
尸子 周尸佼撰　清汪繼培輯　湖海樓叢書本
戰國策 漢劉向撰　中華書局
呂覽 秦呂不韋撰　清高誘訓解　經訓堂叢書本
小臣牆刻辭地理考正 饒宗頤著　上海古籍出版社
甲骨文字釋林 于省吾撰　中華書局
元和郡縣志 唐李吉甫撰　中華書局

晚殷伐夷方路程宜屬西夷地名論饒宗頤著　上海古籍出版社
商周史料考證丁山著　國家圖書館出版社
考證方法舉例與地名研究聯繫性綜述饒宗頤著　上海古籍出版社
故訓匯纂宗福邦　陳世鏡　蕭海波主编　商務印書館
夏商周斷代工程一九九六—二〇〇〇年階段成果報告　世界圖書出版公司
禮記漢戴聖撰　鄭玄注　四部叢刊本
周禮漢鄭玄注　四部叢刊本
禮記章義清姜兆錫撰　浙江巡撫采進本
孟子漢趙岐章句　四部叢刊本
卜辭求義楊樹達著　上海古籍出版社
周易魏王弼　晉韓康伯注　四部叢刊本
左傳舊題周左丘明撰　晉杜預注　四部叢刊本

祖庚

名曜［據今本《紀年》］。武丁之子［據《史記·殷本紀》：「帝武丁崩，子帝祖庚立。」］。

元年己亥。

王即位，居殷，作《高宗之訓》［據今本《紀年》］。武丁崩，令叔閏位，攝位未幾，曜乃踐祚［甲骨卜辭有：「于父乙𠕋宰御。〇丙午卜，勿御雀于兄丁。」（《鐵雲藏龜》一四五、三）「丙子貞，將兄丁于父乙。」（《殷契粹編》三七三）「癸酉卜，亘貞，㞢于兄丁。」（《簠室殷契徵文》、《帝系》一九四）「貞，于母巳御。〇貞，于兄丁御。〇貞，于嫈御。」（《殷虛書契前編》一、三九）雍子曰：令叔閏位，非正統，故不入祭典，書更不載，而僅見於殷商甲骨卜辭。蓋祖庚即位，作《高宗之訓》，事出有因也。］。

七年，王陟［據《御覽》八三引《史記》：「祖庚在位七年。」雍子曰：按《夏商周年表》「祖庚（前一一九一年）、祖甲、稟辛在位四四年」，則《御覽》引《史記》可以確信，故援引。］。

引用書目文獻

竹書紀年統箋 清徐文靖撰　浙江書局刊本
今本竹書紀年疏證 王國維撰　中華書局
竹書紀年 方詩銘　王修齡古本竹書紀年輯證　上海古籍出版社
太平御覽 宋李昉撰　中華書局
夏商周斷代工程一九九六—二〇〇〇年階段成果報告　世界圖書出版公司
史記 漢司馬遷撰　宋裴駰集解　唐司馬貞索隱　張守節正義　中華書局標點本

祖甲

祖甲［《史記·三代世表》作帝甲。《國語》同。］

名載［據今本《紀年》。雍子曰：《國語》作帝甲。載，武丁子。卜辭稱子載，乃祖甲生時之稱。甲骨卜辭：「貞來乙丑勿乎子畓㞢于父乙？」（《殷虚書契續編》一、三〇、四）「□酉卜，賓貞：子畓不死。」（胡厚宣《釋廿篇》七W四五）楊樹達《耐林庼甲文説》：「考《太平御覽》卷八十三引《竹書紀年》云：『帝祖甲載居殷。』知殷王祖甲之名爲載，而祖甲實爲武丁之子，是卜辭所謂子畓者正是祖甲也。此又字當釋載之確證也知載爲祖甲，則如《鐵雲藏龜》一八一葉二版云：『△丑卜，于載酒鼓。』《殷虚書契）前編》卷六五六葉三版云：『于載酒。』《鐵雲藏龜拾遺》十二葉十版云：『△弃爠△于載△羊十。』」］。祖庚之弟［據《史記·殷本紀》：「帝祖庚崩，弟祖甲立，是爲帝甲。」］。廟號舊［雍子曰：甲骨卜辭有「祖甲舊宗」（《甲骨文合集》三〇三二八，圖七），蓋舊宗乃其廟號也。］。

元年丙午。

王即位，居殷［據《御覽》八三引《紀年》：「帝祖甲載居殷。」］。王舊在野，及即位，知小人之依，能保惠庶民，不侮鰥寡［據《書·毋逸》］。迨其末也，繁刑以攜遠，殷道復衰，七世而殞［據《國語·周語》：「玄王勤商，十有四世而興，帝甲亂之，七世而隕。」］。

十二年，征西戎［據今本《紀年》］。
冬，王返自西戎，得一丹山［據今本《紀年》原注：「祖甲西征，得一丹山。」］。
十三年，西戎來賓［據今本《紀年》］。
王命分侯組紺［據今本《紀年》］。
二十四年，亂政之始，重作湯刑［據今本《紀年》。《左傳·昭公五年》：「商有亂政而作湯刑。」］。
二十七年，命王子囂、王子良［據今本《紀年》、《西京雜記》：「霍將軍妻產二子，疑所爲兄弟。霍光聞之，答書曰：『昔殷王祖甲，一產二子，曰囂曰良。』」］。
三十三年，王陟［據今本《紀年》。《書·毋逸》：「肆祖甲之享國三十有三年。」雍子曰：按《夏商周年表》「祖庚（前一一九一年）、祖甲、稟辛在位四四年」，則今本《紀年》可以確信，故援引。］。

引用書目文獻

國語吳韋昭注　士禮居叢書本
耐林廎甲文説楊樹達著　上海古籍出版社

太平御覽 宋李昉撰 中華書局
尚書 舊題漢孔安國傳 四部叢刊本
尚書正義（十三經注疏） 唐孔穎達撰 清阮元編 中華書局影印本
竹書紀年統箋 清徐文靖撰 浙江書局刊本
今本竹書紀年疏證 王國維撰 中華書局
竹書紀年 方詩銘 王修齡古本竹書紀年輯證 上海古籍出版社
左傳 舊題周左丘明撰 晉杜預注 四部叢刊本
西京雜記 舊題漢劉歆撰 中華書局
史記 漢司馬遷撰 宋裴駰集解 唐司馬貞索隱 張守節正義 中華書局標點本
夏商周斷代工程一九九六—二〇〇〇年階段成果報告 世界圖書出版公司

稟辛

稟辛［古本《紀年》作馮辛。今本《紀年》原注：「《史記》作廩辛。」雍子曰：馮辛，於康丁時卜辭例稱爲兄辛，武乙時例稱父辛，文丁以後稱爲三祖辛。甲骨卜辭：「叀母己及子癸酒。○叀兄辛眔子癸，先。」（《殷契粹編》三四〇）「其又兄辛，叀牛，王受又。○叀歲。○叀龜。」（《殷契粹編》三四二）「叀不⿰禾勿馬○叀⿰禾勿馬。○兄辛。」（《卜辭通纂》、《傳古别録第二集》一、《何遂氏》、八）「庚戌卜，彭貞，其又桒于父辛，截……」（《殷虚文字甲編》二六二二）「辛亥卜，其又歲于三祖辛。」（《殷契粹編》三四一）］。

名先［據今本《紀年》。雍子曰：甲文未見「稟辛」或「馮辛」其號，而見貞人先之名，與《紀年》所傳馮辛生名相同，乃其代王卜課也。甲文無專號，蓋因其有違父子承祧法，而禘祫大典去其廟主故也。甲骨卜辭：「己亥卜，先貞，今日，雨。」（《殷虚書契續編》四、七、四）「□午卜，先貞，今夕，亡尤。」（《文録》二一）「□卯卜，先貞，今夕，亡囙。」（《殷契遺珠》五〇四）楊樹達《積微居甲文説》卷下云：「按卜辭云：『貞其于西宗桒示？王卟曰：弘吉。』（《殷虚書契前編》叁之廿柒之陸與肆之拾捌之壹合）。釋者或釋西爲東西之西，余以羔宗唐宗關宗𣂛宗文例推之，知彼説非是。古音西與先同，西宗即先宗，謂稟辛之廟也。《文選·四子講德論》云：『毛嬙西施』西或作先。李注云：『先施西施一也。』《匡謬正俗》卷八云『西有先音』，並其證也。又按《殷契粹編》伍叁陸片云：『⿱口止示先，芍六。』字作先，稱示先，確是稟辛也。」］。

祖甲之子［據《史記·殷本紀》：「帝甲崩，子帝廩辛立。」］。

元年己卯。

王即位，居殷〔據《御覽》八三引《紀年》：「馮辛先居殷。」〕。

六年，王陟。〔據《御覽》八三引《史記》：「在位六年。」《皇極經世書》同。〕。

引用書目文獻

竹書紀年統箋 清徐文靖撰　浙江書局刊本

今本竹書紀年疏證 王國維撰　中華書局

竹書紀年 方詩銘　王修齡古本竹書紀年輯證　上海古籍出版社

史記 漢司馬遷撰　宋裴駰集解　唐司馬貞索隱　張守節正義　中華書局標點本

太平御覽 宋李昉撰　中華書局

積微居甲文說 楊樹達著　上海古籍出版社

康丁

康丁［雍子曰：康丁，今本《紀年》作庚丁，乃傳寫之誤。甲骨卜辭有：「辛巳卜貞，王𡧊康丁，奭妣辛，囗，亡尤。」（《殷虚書契後編》上、四、一四）「辛酉卜貞，王𡧊康祖丁，奭妣辛，賓亡尤。」（《殷虚書契後編》上、三、九）「丙午卜貞，康祖丁其牢。〇丙辰卜貞，康祖丁，日其牢。」（《卜辭通纂》五三）］

名囂［據今本《紀年》］。稟辛之弟［據《史記·殷本紀》：「帝廩辛崩，弟庚丁立。」］。

元年乙酉。

王即位，居殷［據《御覽》八三引《紀年》：「庚丁居殷。」］。

八年，王陟［據今本《紀年》。《御覽》八四引《史記》：「庚丁在位三十一年。」《通鑑外紀》：「六年。」又《帝王世紀》：「二十三年。」］。

引用書目文獻

竹書紀年統箋 清徐文靖撰 浙江書局刊本

今本竹書紀年疏證王國維撰　中華書局
竹書紀年方詩銘　王修齡古本竹書紀年輯證　上海古籍出版社
太平御覽宋李昉撰　中華書局
通鑑外紀宋劉恕撰　元胡三省注　清胡克家補注　世界書局
帝王世紀晉皇甫謐撰　清宋翔鳳集校　訓纂堂叢書本
史記漢司馬遷撰　宋裴駰集解　唐司馬貞索隱　張守節正義　中華書局標點本

武乙

名瞿［據今本《紀年》］。康丁之子［據《史記·殷本紀》：「帝庚丁崩，子帝武乙立。」］。

元年癸巳。

王即位，居殷［《御覽》八三引《紀年》：「武乙即位，居殷。」］。武乙踐祚，嘗用兵四方，輔之以亞皀，亞皀以衆涉於渭，而伐西土周師［甲骨卜辭：「于辛卯，王令皀。」（《殷虛書契續編》五、二一、二）「丁酉卜，亞皀以衆涉于[川]，若。」（《殷契粹編》一一七八）「乙亥貞，皀令章，以衆……」（《殷虛書契後編》下、二七、一四）「丁卯貞，皀伐，受又。」（《殷契粹編》一一二九）「癸巳卜，令皀眚𠨘。」（《殷契粹編》九一四）「甲辰貞，皀以衆伐𢀛危方，受又。」（《殷契粹編》一一二四）「王𢦏師，十月。」（《殷契粹編》一一七七）「丁丑卜，因章師、𢦏。十二月。」（《鄴中片羽》三、下、四〇、五）］。王雖勞師遠征，而不廢糞田之業［甲骨卜辭：「貞，王令多芍𡈼田。」（《殷契粹編》一二二二）「甲子貞，于下夷刖𡈼田。」（《殷契粹編》一二二三）「甲子貞，于□方𡈼田。」（《殷契粹編》一二二三）「王令𡈼田曨。」（《殷契粹編》一五四四）］。王嘗伐木方、虎方、庸方［甲骨卜辭：「壬午貞，癸未，王令木方止。〇王令木其𢆶、告。」（《殷虛文字甲編》六〇〇）「……貞王其[阝殳]……虎方伯……散于止若。」（《殷虛文字甲編》一九七八）「辛未卜，王奉徃。」（《殷契粹編》一一九二）］。時庸爲周之與國，乃殷之仇讎，故武乙遠伐丹、淅，四征不庭［甲骨卜辭：「貞，亡尤，在丹。」（《文録》七一三）「貞叀王出，伐三方。」（《殷虚文字甲編》五五六）「辛未卜，王一月𦎫徂。受又。」（《殷虚文字甲編》七〇九）「丙子卜，王二月𦎫徂。受又。」（《殷虚文字甲編》七〇九）「丁酉卜，云十月，王𦎫徂，受又。」（《殷契粹編》一一九一）「乙未卜貞，乙巳，□王𦎫徂。受又。十二月。（《殷契粹編》一一九三）」］。

邠遷於岐周［《孟子·梁惠王下》：「太王去邠，踰梁山，邑於岐山之下居焉。」］。

三年，自殷遷於河北淇、洹二水之間［今本《紀年》：「武乙三年，自殷遷於河北。」《史記·殷本紀》同。羅振玉《殷商貞卜文字考補正》云：「河北下，補注『《三代世表》作庚丁，徙河北。』」又《殷商貞卜文字考》云：「……此盤庚以後再遷之明證也。但《史記》及《竹書》均言，武乙徙河北，而未明指其地。今此龜甲獸骨實出於安陽縣城西五里之小屯，當洹水（俗名安陽河）之陽（《補正》：「水曲之處」）。證以古籍知其地爲殷墟武乙所徙蓋在此也。考之《漢書·項羽本紀》『項羽乃與（章邯）期洹水南殷墟上（此據《補正》改）』，應劭曰：『洹水在湯陰界（漢省安陽入蕩陰，師古曰：蕩音湯。湯陰即蕩陰，漢之蕩陰（此據《補正》改），今安陽地）。』《相州圖經（竹書統箋引）：『安陽在淇、洹二水之間，本殷墟也。』」］。

命周公亶父，賜以岐邑［據今本《紀年》］。

二十一年，周公亶父薨［據今本《紀年》］。

十五年，王自河北遷於沬［據今本《紀年》、《史記》。］。

二十四年，周師伐程，戰於畢，克之［據今本《紀年》。《逸周書·史記解》：「昔有畢程氏，損禄增爵，群臣貌匱，比而戾民，畢程氏以亡。」］。

三十年，周師伐義渠，乃獲其君以歸［據今本《紀年》。《逸周書·史記解》：「昔者義渠氏有兩子，異母，皆重，君疾，大臣分黨而爭，義渠以亡。」］。

三十四年，周公季歷來朝，王賜地三十里，玉十瑴，馬八匹［據今本《紀年》。《御覽》八三引《紀年》：「武乙三十四年，周王季歷來朝，武乙賜地三十里，玉十瑴，馬八匹。」］。

王畋於河、渭，暴雷震死［據《史記·殷本紀》：「武乙獵于河、渭之間，暴雷震死。」］。廟號爲武［甲骨卜辭：「甲寅貞，武祖乙頪，其牢。〇甲辰卜貞，武祖乙頪。其牢。」（《殷虚書契前編》一、一八、一）「甲戌卜貞，武祖乙頪，其牢茲用。」（《殷契粹編》三五六）「甲申卜貞，武乙頪，日其牢。」（《殷契粹編》三六〇）「甲子卜貞，武乙宗，日其牢。」（《殷契粹編》三五八）］。

武乙在位三十四年［據《御覽》《皇極經世書》］。

引用書目文獻

竹書紀年統箋　清徐文靖撰　浙江書局刊本

今本竹書紀年疏證 王國維撰　中華書局

竹書紀年 方詩銘　王修齡古本竹書紀年輯證　上海古籍出版社

史記 漢司馬遷撰　宋裴駰集解　唐司馬貞索隱　張守節正義　中華書局標點本

太平御覽 宋李昉撰　中華書局

孟子 漢趙岐章句　四部叢刊本

孟子正義 清焦循撰　半九書塾本

殷商貞卜文字考 羅振玉著　上海古籍出版社

逸周書 晉孔晁注　清康熙刊本

後漢書 宋范曄撰　唐李賢注　百衲本

皇極經世書 宋邵雍撰　中華書局四部備要影印本

殷商貞卜文字考補正 羅振玉著　上海古籍出版社

文丁

名托［據今本《紀年》］。武乙之子［據《史記·殷本紀》：「武乙震死，子帝太丁立。」］。

元年丁卯。

王即位，是爲文丁［雍子曰：文丁乃史所稱，甲骨卜辭則謂文武丁。據羅振玉《殷虛書契考釋三種》九七葉云：「……又大乙羊甲卜丙卜壬，校以前史，並與此異。而庚丁之作康祖丁，武乙之稱武祖乙，文丁之稱文武丁，則言商系者之所未知，此足資考訂者一也。」］，又曰文武丁。

文丁自沬歸殷邑，居殷［據今本《紀年》］。

文丁有兄，曰太丁。武乙震死，太丁閏位而薨［據《史記·殷本紀》：「武乙震死，子帝太丁立。」沈氏《附注》云：「《史記》作太丁，非。」雍子曰：沈氏所云，乃未得觀察甲文，舊史傳説，佚其廟號故也。審甲文可知，太丁，乃文丁之兄也，或死於丁日，故有「兄丁」之謂。蓋太丁閏位，未幾而死，史闕而不書。甲骨卜辭云：「丙子卜，犬，兄丁。〇丙戌卜犬。宰兄丁，二牛。」（《殷虛文字甲編》二三五九）「癸巳卜，將兄丁凡父乙。」（《殷虛文字甲編》六一一）「丙子貞，將兄丁于［父乙］〇丁卯□于□用□父乙……」（《殷虛粹編》三七三）「丙子卜，將兄丁于父乙。」（《殷虛書契後編》上、七、五）羅振玉《殷虛書契考釋三種》九七葉云：「商自武湯逮于受辛，史公所録爲世三十，見於卜辭者二十有三。史稱大丁未立，而卜辭所載禮祀，儼同於帝王。」］。

二年，周公季歷伐燕京之戎，敗績〔據《後漢書·西羌傳》李賢注引《紀年》：「太丁二年，周人伐燕京之戎，周師大敗。」〕。

三年，洹水一日三絶〔《御覽》八三引《紀年》：「太丁三年，洹水一日三絶。」〕。王禱於洹原〔甲骨卜辭：「戊子貞，其奠于洹原，交三牢，宜牢。」又：「戊子貞，其奠于洹原三□□三牢，宜牢。」〕。

四年，周公季歷伐余無之戎，克之，命爲牧師〔《後漢書·西羌傳》李賢注引《紀年》：「太丁四年，周人伐余無之戎，克之。周王季命爲殷牧師。」甲骨卜辭：「令周侯。今生夕，㞢于燹，亡囚。从東衙。」（《殷虛文字甲編》四三六）〕。

五年，周作程邑〔《路史·國名紀》：「程，王季之居。」〕。

七年，周公季歷伐始呼之戎，克之〔《後漢書·西羌傳》李賢注引《紀年》：「太丁七年，周人伐始呼之戎，克之。」〕。

十一年，周公季歷伐翳徒之戎，獲其三大夫，來獻捷〔《後漢書·西羌傳》李賢注引《紀年》：「十一年，周人伐翳徒之戎，捷其三大夫。」《通鑑外紀》二引：「太丁十一年，周伐翳徒戎。」《紀年》曰：「太丁十一年，周伐翳徒戎。」〕。

文丁嘉季歷之功，錫之圭瓚、秬鬯，九命爲伯，既而執諸塞庫。季歷困而死，因謂文丁殺季歷［據今本《紀年》。原注：「執王季于塞庫，羈文王于玉門，鬱尼之情，辭以作歌，其傳久矣。」庚信《齊王憲碑》：「囚箕子于塞庫，羈文王于玉門。」據《晉書·束皙傳》《史通·疑古》《史通·雜説》《北堂書鈔》四一引《紀年》云：「文丁殺周王云云。」雍子曰：按，《北堂書鈔》標目爲「殺季歷」，則原文當作「文丁殺周王季歷」。］。

是年，王陟［據古本《紀年》］。在位十一年［《夏商周年表》：「在位十一年。」《御覽》八三引《史記》：「太丁在位十三年。」《通鑑外紀》同。雍子曰：太史公將文丁誤以爲太丁也。文丁，乃史所稱，甲骨卜辭則謂文武丁。考甲骨卜辭，太丁乃文丁之兄，或死於丁日，因有兄丁之謂。太丁閏位，舊史不載，佚其廟號。因此，羅振玉《殷虚書契考釋三種》云：「史稱大丁未立，而卜辭所載禮祀，儼同於帝王。」］。

引用書目文獻

竹書紀年統箋　清徐文靖撰　浙江書局刊本

今本竹書紀年疏證　王國維撰　中華書局

竹書紀年　方詩銘　王修齡古本竹書紀年輯證　上海古籍出版社

殷虚書契考釋三種羅振玉著　上海古籍出版社
後漢書宋范曄撰　唐李賢注　百衲本
太平御覽宋李昉撰　中華書局
路史宋羅泌撰　子苹注　明嘉靖洪楩刊本
齊王憲碑北周庾信撰
史記漢司馬遷撰　宋裴駰集解　唐司馬貞索隱　張守節正義　中華書局標點本
晉書唐房喬等撰　適園叢書本
史通唐劉知幾撰　中華書局
北堂書鈔唐虞世南撰　清光緒南海孔氏刊本
夏商周斷代工程一九九六—二〇〇〇年階段成果報告　世界圖書出版公司
通鑑外紀宋劉恕撰　元胡三省注　清胡克家補注　世界書局

帝乙

名羨［據今本《紀年》］。文丁之子［據《史記·殷本紀》：「帝太丁崩，子帝乙立。」］。

元年戊寅。

王即位，居殷［《御覽》八三引《紀年》：「帝乙居殷。」］。帝乙明德恤祀，愼罰勸民，惟天丕建，保又有殷，罔敢失帝，罔不配天其澤［雍子曰：帝乙恤祀，數見於卜辭金文。］。王殄戮多罪，亦克用勸。開釋無辜，亦克用勸［《據《書·多士》《書·多方》］。

命其子王季爲西伯［據鄭玄《詩譜·周南召南譜》：「商王帝乙之初，命其子王季爲西伯。」］。

帝乙在位，屢征方外大國［甲骨卜辭：「乙丑，王卜貞，今囙，巫九备。余其尊，遣告侯田□戲方、紵方、羌方、㠱方。余其从侯田伐四封方。」（《殷虛書契續編》三、一三、一。○《簠室殷契徵文》八四。○原片全闕橫畫）「叀昕日蠆乎□日羴方虘方𢆶。」（《鄴中片羽》三、下、四三、七）「𢆶方蠆虘方作戎。○伐及虘方虘。」（《鄴中片羽》五、下、四三、四）「……卜，在𢉅貞，……戲方。余从……五𠧟曰，大吉。」（《殷虛書契後編》上、一八、九）「貞，伐戲。」（《殷虛書契前編》五、三七、五）「□□卜，□貞，旬亡𡆥。王𠧟曰，弘吉。在三月。甲申，祭小甲，□□甲。隹王來征盂方伯炎。」（《殷虛書契後編》上、一八、六）「乙巳，王貞，啓乎兄曰，盂方拱人，其出伐矛𠂤，高其令東迨于高。弗每。不𢀛戋。王𠧟曰，吉。」（《龜甲獸骨文字》二、二五、六）「……田由、征盂方……○𠕋盂方伯炎……〇矛、盂方……」（《殷契粹編》一一九〇、《殷虛書契考釋》）「余……田由、征盂方……其□于祭示……」（《殷虛書契前編》二、三八、二）「丁卯，王貞卜，今因巫九备。余其从多田于多伯征盂方伯炎。叀衣。翌日步，亡左。自上下于㲋示。余受又，不曹𢦏，因。告于兹大邑商。亡徭，在畎。王畎曰，弘吉。在十月。遘大丁。翌。」（《甲編》二四一六）「癸巳卜貞，王旬亡畎。在二月。在齊餗，隹王來征夷方。」（《殷虛書契前編》二、一五、三）「癸卯貞卜，王旬亡畎。在五月。在書餗。隹王來征夷方。」（《殷虛書契續編》三、一八、四）」。

二年，帝乙於四月祭祀上甲「據甲骨卜辭：「癸未，王卜貞：酒，肜，自上甲至於多毓，衣。亡㞢，自畎。在四月。隹王二祀。」（《殷虛書契前編》三、二七、七）雍子曰：按譜，四月丙辰朔，廿八日癸未。」。

周人伐商「《御覽》八四引《紀年》：「帝乙二年，周人伐商。」」。

三年，王命南仲拘昆夷，城朔方「《詩・小雅・出車》：「王命南仲，往城于方。」毛萇傳：「王，殷王也。」」。

六月，王祀祖甲「據甲骨卜辭：「癸巳，王卜貞：旬亡畎。王畎曰：吉。在六月。甲午，肜紂甲。隹王三祀。」（《殷虛書契續編》一、二三、五）雍子曰：紂甲，即帝甲也。」」。夏，周地震「《呂覽・制樂》：「周文王立國八年，歲六月，文王寢疾，五日而地動，東西南北，不出國郊。」」。

四年，七月壬寅朔，十二日癸丑，王卜貞「甲骨卜辭：「癸丑，王卜貞，旬亡畎。王𡆥曰，吉。

在七月。甲寅，魯甲。隹王四祀。」（《殷虚書契續編》一、五一、二）。十月辛未朔，三日癸酉，王貞卜［「癸酉，卜貞，王今夕亡猷。在十月。隹王四祀。」（《燕京大學藏殷契卜辭》四六二）］。

五年，九月丙申朔，八日癸卯，王祭上甲［甲骨卜辭：「癸卯，王貞卜，酒，自上甲，至多毓，亡徭，自猷。在九月。隹王五祀。」（《殷虚書契後編》上、二〇、七）］。

七年，五月丙辰朔，廿八日癸未，王賫祖甲［甲骨卜辭：「癸未卜，王貞，旬亡猷。王猷曰，吉，在五月。甲申，賫祖甲。隹王七祀。」（《殷契佚存》五四五）］。

八年，三月辛亥朔，廿三日，王貞卜。甲戌，王祭小甲，大甲［甲骨卜辭：「癸酉，王貞卜，旬亡猷。王乩曰，弘吉。在三月。甲戌，祭小甲，賫大甲。隹王八祀。」（《庫方二氏藏甲骨卜辭》一六六一、《殷虛文字甲編》二九七）］。

九年，十二月辛丑朔，七日丁未，王祭文丁［甲骨卜辭：「丁未卜貞，［王窒］父丁、日其牢。在十月又二。兹用。隹王九祀。」（《卜辭通纂》、《傳古别録第二集》、《殷墟小屯村中村南甲骨》九骨）］。

十年，王從侯喜征夷方［據甲骨卜辭：「甲午，王卜貞，作余酒、朕桒酒、余步。从侯喜征夷方。乞叡，受余祐。不曹𢦏囚。告于大邑商。亡畫，在猷。王乩曰：吉。在九月。遘上甲，隹王十祀。」（《卜辭通纂》五九二、所合殘骨）］。

王於二月征盂方伯〔甲骨卜辭：「……于㝪，□隻白豸，𣪊于……」「在二月。隹王十祀。肜日。王來征盂方伯□。」（《殷虚文字甲編》三九三九）〕。

十五年，正月上元，王祭文丁，𡧊夒祖，賜小臣俞夒貝〔據《小臣艅犀尊銘》：「丁巳，王𡧊夒祖，王錫小臣俞夒貝。隹王來征夷方。隹王十祀又五。肜日。」（《殷墟文字類編》上二六葉）丁山《商周史料考證》云：「按：丁巳，當是帝乙祭文丁之日，不書月，殆正月之省。吳譜，正月辛丑朔，十七日丁巳。」〕。

二十年，二月癸亥，肜日，王自上甲至於多毓〔據甲骨卜辭：「王卜貞，酒，肜日，自上甲至于多毓，衣，亡𡆥，自𡆥。王𡆥曰，吉。在二月。隹王廿祀。」（《殷虚書契續編》二、一、三）〕。自五月下旬，王揮旅從𡆥地出發次於上𩰫〔甲骨卜辭：「庚寅王卜，才（在）𡆥貞，余其𠂤（次）才（在）兹上𩰫，今秋其𡆥，其呼[illegible]示于商正，余受有佑。王固曰：吉。」（《甲骨文合集》三六五二二，黃組）〕。

王屢出征，沿汳水東下，而至東海上𩰫。五月，王出師征夷方，王次於𩰫〔甲骨卜辭：「癸巳卜，才（在）反貞，王旬亡𡆥，才（在）五月，王迻于𩰫。」（《甲骨文合集》三六五三七，黃組）〕。六月，王次於上𩰫〔甲骨卜辭：「癸卯卜，才（在）𢊁貞，王旬亡𡆥，才（在）六月，王迻于上𩰫。」（《甲骨文合集》三六五三七，黃組）〕。七月上旬，王抵上𩰫〔據甲骨卜辭：「王旬亡𡆥，在九月，王廿司。○癸卯卜，在上𩰫貞，王旬亾𡆥。在十月。」（《殷虛書契前編》二、一四、四）丁山《商周史料考證》云：「按：『廿司』讀爲

『廿祀』。帝乙廿祀征夷方，自五月出師，七月上旬抵上𩛥，詳於《卜辭通纂》五九六片。自本年七月至明年二月，凡卜辭所見，『在上𩛥貞』，或『在上𩛥，永貞』者皆帝乙東征時遺物。」」。九月，王次於上𩛥「甲骨卜辭：「癸未王貞卜，旬亡𡆥，才（在）九月，才（在）上𩛥，王廿祀。」（《甲骨文合集》三七八六三，黃組）」。十月，王次於上𩛥「甲骨卜辭：「癸卯卜，才（在）上𩛥貞，王旬亡𡆥，才（在）十月。」（《甲骨文合集》三六八四六，黃組）」。十一月，王在上𩛥，弜師攝政，以户貝賜𦔻「據《彝銘》：「戊辰，弜師錫𦔻𠃛廿户，啚貝。用作父乙寶彝。在十月一。隹王廿祀。劦日。遘于妣戊，武乙爽。豕一。肇」。（《殷虛文字存真》上一九葉）丁山《商周史料考證》云：「此時，王在上𩛥，弜師攝政。按譜，十一月戊辰朔。朔日大祭，弜師攝行，故沿郊養慣例，以户貝賜𦔻。」」。十二月，王又次於上𩛥「甲骨卜辭：「癸亥卜，「才（在）」上𩛥「貞」王旬「亡𡆥」，才（在）十「月」又「二」。」（《甲骨文合集》三六八四八，黃組）」。

二十五年，六月，王在東闌，宰椃从「據《角銘》：「庚申，王在東闌。王各，宰椃从。錫貝五朋。用作父丁尊彝。在六月。隹王廿祀，翌，又五。」（《殷虛文字存真》下二三葉）丁山《商周史料考證》云：「『隹王廿祀，翌，又五』即『王廿五祀翌日』之倒文。宰椃，疑帝乙弟兄行，父丁即文丁矣。按譜，是年六月辛丑朔，廿日庚申。」」。

二十六年，王陟。在位二十六年「據《夏商周年表》」。

引用書目文獻

竹書紀年統箋 清徐文靖撰　浙江書局刊本

今本竹書紀年疏證 王國維撰　中華書局

竹書紀年 方詩銘　王修齡古本竹書紀年輯證　上海古籍出版社

尚書 舊題漢孔安國傳　四部叢刊本

尚書正義（十三經注疏） 唐孔穎達撰　中華書局影印本

史記 漢司馬遷撰　宋裴駰集解　唐司馬貞索隱　張守節正義　中華書局標點本

夏商周斷代工程一九九六—二〇〇〇年階段成果報告　世界圖書出版公司

呂覽 秦呂不韋撰　漢高誘訓解　經訓堂叢書本

商周史料考證 丁山著　國家圖書館出版社

帝辛

名受［今本《紀年》原注：「即紂也，曰受辛。」］。

元年甲辰［雍子曰：按《夏商周年表》推定武王克商之年爲公元前一〇四六年（乙未年），則甲辰爲帝辛元年。］。

王即位，居殷［《御覽》八三引《紀年》：「帝辛受居殷。」］，仍都朝歌，其地於河内［《帝王世紀》：「帝乙復濟河，北徙朝歌，其子紂仍都焉。」雍子曰：故址在今河南淇縣。《水經注·淇水》：「其水南流，東屈，逕朝歌城南。《晉書·地道記》曰：本沬邑也。……有糟丘酒池之事焉。有新聲靡樂，號邑朝歌。」］。

受辛，帝乙少子也［據《史記·殷本紀》：「帝乙崩，子辛立，是爲帝辛。」］。辛母正后，故辛爲嗣［《史記·殷本紀》：「帝乙長子曰微子啓，啓母賤，不得嗣。少子辛，辛母正后，辛爲嗣。」洪亮吉《四史發伏》云：「啓與紂異母，《史記》最確。《吕氏春秋》尤不足信。」］。帝乙崩，子辛立，是爲帝辛［雍子曰：帝乙舍微子啓中衍而逕立少子辛，乃殷末廢兄終弟及制也。］，帝辛殘義損善，賤仁多累，故天下謂之紂［《史記·殷本紀》裴駰《集解》：「謚法曰：『殘義損善爲紂。』」《吕覽·功名》：「桀紂貴爲天子。」高誘注：「賤仁多累曰紂。」］。紂資辨捷疾，聞見甚敏，材力過人［《史記·殷本紀》：「材力過人，手格猛獸。」《帝王世紀》云：「紂倒曳九牛，撫梁易柱。」」。

紂王之國，左孟門而右漳釜，前帶河，後被山〔據《戰國策・魏策一》〕。畿內方千里之地，其封域在冀州太行之東，北逾衡漳，東及兗州桑土之野〔據《詩・邶鄘衛譜》鄭玄箋云：「邶鄘衛者，商紂畿內方千里之地，其封域在《禹貢》冀州太行之東，北逾衡漳，東及兗州桑土之野。」孔穎達疏云：「太行屬河內，河內即紂都，而西不逾太行者，蓋其都近西也。衡漳者，漳水橫流，南距紂都百餘里耳，故知逾之。濮陽在濮水之北，是有桑土。」〕。

紂四至之地，左東海，右流沙，前交阯，後幽都，師起容關，至浦水〔據《淮南子・泰族訓》〕。

紂王初御，命九侯、周侯、邘侯〔今本《紀年》原注：「周侯爲西伯昌。」〕。以比干爲父師，箕子爲少師〔甲骨卜辭：「……貞，翌日乙酉，小臣歸其……又老其侯，王其……以商，庚二，王弗每。」（《殷虛書契前編》二、二、六）《禮記・王制疏》引《鄭志》：「張逸問殷爵三等，公、侯、伯，《尚書》有微子、箕子，何？答云：微子、箕子，畿內采地之爵，非畿外治民之君，故云子。」《禮記・文王世子》：「虞夏商周有師保，有疑丞，設四輔及三公。」〕。紂之去武丁未久也，其故家遺俗，流風善政，猶有存者。又有微子、微仲、王子比干、箕子、膠鬲，皆賢人也〔據《孟子・公孫丑上》〕。

紂王雖命三公而有輔弼，久而後失之也。故不用貴戚舊臣，離逷其王父母弟。知足以距諫，言足以飾非〔據《史記·殷本紀》〕。妒賢能，登用小人，染於崇侯惡來，費仲、左强在側，逢君之惡，誅殺無罪〔《墨子·所染》：「殷紂染於崇侯惡來。」又《公孟》：「昔者商王紂卿士費仲，爲天下之暴人。」《晏子春秋·諫上》：「殷之衰也，有費仲、惡來，足走千里，手裂兕虎。」《淮南子·覽冥訓》：「紂爲無道，左强在側。」〕。商容賢者，百姓愛之，紂廢之〔據《史記·殷本紀》〕。

王信有命在天，不留心祭祀，慢於鬼神。好酒淫樂，嬖於婦人。九侯有好女，入之紂。九侯女不憙淫，紂怒，殺之，而醢九侯〔據《史記·殷本紀》〕。

百姓怨望而諸侯有畔者，於是紂乃重刑辟，有炮格之法〔據《史記·殷本紀》〕。民不聊生，厥苦不堪，乃草竊奸宄，攘竊神祇，以苟延其命。

二年，正月，紂於夆，而獵於潘〔《卬其卣銘》：「丙辰，王令卬其貺麓，殷于夆。田淄。方貝五朋。在正月。遘于妣丙，肜日，大乙爽。隹王二祀。既𡚬于上下帝。」（《鄴中片羽》三、上、三二葉）雍子曰：夆，其地望在南陽新野。《説文·夂部》曰：「……南陽新野有夆亭。」淄，潘之古字，讀若蕃。淄，即潘水。在河南滎陽。《説文·水部》：「潘，一曰水名，在河南滎陽。从水，番聲。」《集韻》：「逋禾切，平戈幫。」《急就篇》卷二顔師古注：「潘，水名也，在滎陽。」〕。

三年，有雀生鸇［據今本《紀年》。《說苑·敬慎》：「昔者殷王帝辛之時，爵生鳶於城之隅。」］。

四年，大蒐於黎［據今本《紀年》。《左傳·昭公四年》：「商紂爲黎之蒐。」］。

四月，乙巳日，王祭帝乙［《卣銘》：「乙巳，王曰，尊文武帝乙宜，在豐大廊。庭遘。乙。翌日丙午，⿱魯鬲。丁未、鬻。己酉，王在梌。𠭯其錫貝。在四月。隹王四祀，翌日。」（郭沫若藏卣）］。

五年，夏，於朝歌城中築南單之鹿臺［據今本《紀年》。《說苑》引《墨子》：「紂爲鹿臺糟邱，酒池肉林，宮牆文畫，雕琢刻鏤。」《新序》云：「鹿臺，其大三里，高千尺。」］，以酒爲池，縣肉爲林［《括地志》云：「酒池在衛州衛縣西二十三里。」］，使男女倮相逐其閒，迴船糟邱而牛飲者三千餘人爲輩［據《太公六韜》］。紂爲長夜之飲，懽以失日。問其左右，盡不知也。乃使人問箕子。箕子謂其徒曰：「爲天下主，而一國皆失日，天下皆危矣！一國皆不知，而我獨知之，吾其危矣！」辭以醉而不知［據《說林》上］。外物不可必，故箕子被髮而爲狂，始免剖心戮脛之慘，無益於殷［《莊子·外物》：「外物不可必，故箕子狂。」《戰國策·秦策》：「箕子被髮而爲狂，無益於殷。」］。紂爲象箸而箕子怖。喟然咨之，曰：「以爲象箸必不加於土鉶，必將犀玉之杯。象箸玉杯，必不羹菽藿，則必旄象豹胎。旄象豹胎，必不衣短褐，而食於茅屋之下，則錦衣九重，廣室高臺。吾畏其卒，故怖其始［據《韓非子·喻老》］。」

六年，文王初禴於畢〔《唐書·曆志》：「至紂六祀，周文王初禴於畢。」《易·萃》：「引吉無咎，孚乃利用禴。」鄭玄注：「禴，殷春祭之名也，四時祭之省者也。」《詩·小雅·天保》：「禴祠烝嘗。」毛萇傳：「春曰祠，夏曰禴，秋曰嘗，冬曰烝。」〕。畢西於豐三十里〔據《漢書·楚元王傳》注〕。

九年，王師伐有蘇，獲妲己以歸〔據今本《紀年》。《國語·晉語》：「殷辛伐有蘇，有蘇氏以妲己女焉。」〕。紂愛妲己，惟厥言是從。作琁室，立玉門〔《文選·東京賦》李善注引《紀年》：「殷紂作瓊室，立玉門。」〕，築爲頃宮，文畫雕鏤。於是使師延作新淫聲〔《韓非子·十過》：「此師延之所作，與紂爲靡靡之樂也。」〕，北里之舞，靡靡之樂。又以民聲淪爲廟堂之樂，若濩若愷，咸出稼者；若韶，或出酒人；若咸池，或出巫祝。紂厚賦税，以實鹿臺之錢，而盈鉅橋之粟〔據《史記·殷本紀》。《水經注·濁漳水》：「衡漳又北，逕巨橋邸閣西。舊有大梁橫水，故有巨橋之稱。……服虔曰：巨橋，倉名。許慎曰：鉅鹿水之大橋也。今臨側水湄，左右方一二里中，狀若丘虛，蓋遺囤故窖處也。」〕。益收奇物，充仞宮室。又營離宮別館，益廣沙丘苑臺，慢於鬼神，大冣樂戲於沙丘〔據《史記·殷本紀》〕。

紂馳獵無窮，鼓樂無厭，瑶臺玉鋪不足處，馳車千駟不足乘，材女樂三千人，鐘石絲竹之音不絕〔據《管子·七臣七主》。甲骨卜辭：「甲子□卜，王曰，貞，[illegible]女史樂，用御于雨。」（《殷虛書契前編》五、五、七）」。紂耳聽朝歌北鄙靡靡之樂［據《淮南子・原道訓》］，不知稼穡之艱，不聞小人之勞，惟耽樂之從。

十年，夏六月，王畋於西郊［據今本《紀年》。《御覽》八三引《帝王世紀》：「紂六月，發民獵於西土。」］。九月甲午，王在雇，從侯喜征人方［據董作賓《殷曆譜・帝辛日譜》四八葉引甲骨卜辭：「甲午，王卜貞：［「……余步，从侯喜征人方。」（骨八之一）「癸亥，王卜貞：［旬亡畎］？在九月，王征人方。在雇。」（骨一之一）］。十月，王屢征人方［據董作賓《殷曆譜・帝辛日譜》四九葉引甲骨卜辭：「癸未（卜，泳）貞：［王（旬亡）畎］？征（人方）。」（骨二之一）「癸巳（王卜貞）：［「旬亡（畎）？（在）十月。（王征）人方。（在雷）。」（骨一之二）「甲午卜，在雷貞：（王步）从東，叀今日弗每，（亡𡿧）。在十月。茲御，王征（人方），惟十祀。［叀乙，弗（每）亡𡿧］。」（骨十之一、二）］。十一月，王征人方［據董作賓《殷曆譜・帝辛日譜》四九葉引甲骨卜辭：「癸亥，王卜貞：［旬亡畎］？在十月又一。征人方，在雊。」（骨一之五）］。十二月，王屢征人方［據董作賓《殷曆譜・帝辛日譜》五〇葉引甲骨卜辭：「癸巳卜，黃貞：［王旬亡畎］？在十月又二。隹征人方，在潚。」（骨三之二）］。

十一年，王屢征人方。一月，王征人方［據董作賓《殷曆譜・帝辛日譜》五〇、五一葉引甲骨卜辭：「癸卯卜，黃貞：［王旬亡畎］？在正月。王來征人方，于攸侯喜鄙永。」（骨三之三）「癸丑卜，黃貞：［王旬亡畎］？在正月。王來征人方。在攸。」（骨三之四）「［癸丑卜，在］攸，（泳貞）：［王旬亡畎］？王來（征）人方。」

（骨三之四）」］二月，王復征人方［據董作賓《殷曆譜・帝辛日譜》五一葉引甲骨卜辭：「癸酉卜，在攸，泳貞：［王旬亡畎］？王來征人方。」（甲三之六）］。三月，王畋於舊［據董作賓《殷曆譜・帝辛日譜》五二葉引甲骨卜辭：「戊午王卜，在繞貞：［田舊，往來亡巛］？兹御獲鹿□犯□。」］。四月，王又征人方［據董作賓《殷曆譜・帝辛日譜》五三葉引甲骨卜辭：「癸巳卜，在啇呻𡵂，商鄙，泳貞：［王旬亡畎］隹來征人方。」］五月，王又頻征人方［據董作賓《殷曆譜・帝辛日譜》五三、五四葉引甲骨卜辭：「癸卯卜，黃貞：［王旬亡畎］？王來征人方。」「乙巳卜，在（兮貞）：王在田商，亡［巛］？（獲）兕廿又□。［王］來征人［方］。」「癸亥卜，（王卜）貞：［旬（亡畎）］？王來（征）人（方）。」］。六月，王三度征人方［據董作賓《殷曆譜・帝辛日譜》五四葉引甲骨卜辭：「癸酉卜，在云，奠河邑，泳貞：［王旬亡畎］？隹來征人方。」「癸未卜，黃貞：［王旬亡畎］？王來征人方。」「癸巳卜，黃貞：［王旬亡畎］？王來征人方。」］。七月，王續征人方［據董作賓《殷曆譜・帝辛日譜》五四葉引甲骨卜辭：「癸卯卜，黃貞：［王旬亡畎］？王來征人方。」］。

十五年，紂王征人方［據《小臣艅犀尊銘》：「丁巳，王省夔，享，王錫小臣艅夔貝。惟王來征人方。惟王十祀又五，肜日。」］。

二月，紂征夷方而在齊次［甲骨卜辭：「癸巳貞：王旬亡畎，在二月，在齊餗，惟王來征夷方。」（《殷虛書契前編》二、一五、二三）］。

十七年，文王伐翟［據今本《紀年》］。冬，王遊於淇。老人晨將渡淇，而沈吟難濟。紂問其故，左右曰：「老者髓不實，故晨寒也。」紂乃於此斷其脛，而視其髓也［據今本《紀年》。《水經注·淇水》：「老人晨將渡水，而沈吟難濟。紂問其故，左右曰：『老者髓不實，故晨寒也。』紂乃於此斮脛而視髓也。」］。

二十一年，春正月，諸侯朝周［據今本《紀年》］。伯夷、叔齊自孤竹歸於周［據今本《紀年》。《史記·伯夷列傳》：「伯夷、叔齊聞西伯善養老，盍往歸焉。」］。

二十二年，冬，大蒐於渭［據今本《紀年》］。文王伐耆［據丁山《商周史料考證》一七九葉：「文王六年，伐耆。」］。

二十三年，紂殺梅伯、醢鬼侯。鄂侯爭之強，辨之疾，並脯鄂侯，以禮諸侯於廟［據《史記·殷本紀》］。文王流涕，竊歎，受之以祭告語於上天也。崇侯虎知之，以告紂［據《史記·殷本紀》］。紂恐其畔，欲殺文王而滅周，故囚之羑里之庫［據今本《紀年》。《史記·殷本紀》：「紂囚西伯羑里。」《呂覽·行論》：「紂殺梅伯、鬼侯，以禮諸侯於廟。文王流涕而咨之。紂恐其畔，欲殺文王而滅周。」《戰國策·秦策》：「紂以爲惡，醢鬼侯。鄂侯爭之急，辯之疾，故脯鄂侯，文王聞之，喟然而歎，故拘之羑里之庫。」王逸《楚辭章句》云：「紂醢梅伯以賜諸侯，文王受之以祭告語於上天也。」」。

紂囚文王，文王之長子伯邑考質於殷，爲紂御，紂烹爲羹，賜文王，曰：「聖人當不食其子羹。」文王食之。紂曰：「誰謂文王聖者？食其子羹，尚不知也［據《帝王世紀》］。」

文王受命七年被囚，諸侯皆從之囚［《左傳·襄公三十一年》：「紂囚文王七年，諸侯皆從之囚。」據丁山《商周史料考證》一七九葉云：「（《左傳》）與《大傳》《史記》之說，又絶乖異。余謂，『受囚文王七年』者，或『文王受命七年被囚』傳説之誤。」雍子曰：從其説。］。紂懼而歸之，可謂愛之。文王之臣閎夭之徒，求美女奇物以獻紂［據《史記·殷本紀》］，及四友獻寶，獲紂之心，故文王免於虎口也［據《尚書大傳》《史記·殷本紀》］。

二十九年，紂釋文王，乃得以歸周。文王出而獻洛西之地，以請除炮格之刑。紂乃許之，同獵於帛，册封爲周方伯［甲骨卜辭：「衣王田，至于帛，王隹田。」（周原甲骨H一一：三）雍子曰：此甲出於岐山，岐山乃周地。蓋謂衣王者，乃殷王。而隹田之王，乃文王也。「……文武……王其邵帝……天□典册周方伯□□，由正。亡ナ（佐）……［王］受又又？」（《周原甲骨》H一一：八二）「貞：王其桒又大甲，册周方伯，□，由正，不ナ（佐）于受又又？」（《周原甲骨》H一一：八四）按：《水經注·渠》云：「沙水南逕扶溝縣故城東……沙水又東與康溝水合……又東逕扶溝縣之白亭北。」注：「《陳留風俗傳》曰：『扶溝縣有帛鄉帛亭，名在七鄉十二亭中。』」注有「白亭」與「帛亭」，可證白、帛相通也。扶溝縣，今屬河南省，乃漢時所置，其地去殷不遠。蓋周原甲骨之帛地，即扶溝之帛鄉帛亭。嚴一萍《周原甲骨》云：「殷卜辭中亦曾一見其地，前編二・十二・四片（《甲骨文合集》三六八四二）云：『癸酉卜，在帛貞：王步于叚，[亡]災？』第五期卜辭也，兩者當屬同時事，帝辛至於帛地，而又步於叚，不知是去程，抑回程，然爲帝辛之巡行田獵，則毫無問題也。今開封之南扶溝有帛鄉。」」，賜弓矢斧鉞，使得征伐［據《史記・殷本紀》］。諸侯逆西伯，歸於程［據今本《紀年》。《左傳・襄公三十一年》：「紂囚文王七年，諸侯皆從之囚。紂於是乎懼而歸之。」《逸周書・程寤解》：「文王去商在程。」］。西伯既歸，乃陰修德行善，諸侯多叛紂而往歸西伯。西伯滋大，紂由是稍失權重。王子比干諫，弗聽。［據《史記・殷本紀》］。及西伯伐崇，再駕而降爲臣，蠻夷帥服，可謂畏之［據《左傳・襄公三十一年》］。

三十年，春三月，西伯率諸侯入貢，撫叛國，而朝聘乎紂，唯知時也［據今本《紀年》。《左傳・襄公四年》：「文王帥商之叛國以事紂。」《詩・四牡》毛萇傳云：「文王率諸侯，撫叛國，而朝聘乎紂。」］。

三十一年，西伯治兵於畢，出獵，遇呂尚於渭之陽，以之爲師［據今本《紀年》。《史記・齊太公世家》：「西伯獵，果遇太公望於渭之陽……立爲師。」］。

三十二年，五星聚於房［據今本《紀年》。《文選·始出尚書省詩》注、《藝文類聚》十、《御覽》五引《春秋元命苞》：「殷紂時，五星聚於房。」］。有赤烏集於周社，周文王伐殷有國［《墨子·非攻下》：「赤烏銜圭，降周之岐社，曰天命周文王伐殷有國。」］。密人侵阮，西伯帥師伐密［《詩·大雅·皇矣》：「密人不恭，敢距大邦，侵阮徂共。王赫斯怒，爰整其旅，以按徂旅。」］。

三十三年，密人降於周師，遂遷於程［據今本《紀年》。《逸周書·大匡解》：「維周王宅程。」］。王錫命周伯，得專征伐［《史記·周本紀》：「乃赫西伯，賜之弓矢斧鉞，使西伯得征伐。」］。文王受命九年，大統未集，蓋得專征伐，受命自此年始。文王爲西伯，三分天下有其二，合六州至衆，以服事殷，周之至德矣［據《論語·泰伯》：「三分天下有其二，以服事殷，周之德其可謂至德也已矣。」《逸周書·程典解》：「維三月既生魄，文王合六州之侯，奉勤于商。」《呂覽·古樂》高誘注云：「《論語》曰：『文王爲西伯，三分天下有其二，以服事殷。』」］。

三十四年，周師取耆及邗，遂伐崇，崇人降［據今本《紀年》。《史記·周本紀》：「明年伐大戎，明年伐密須，明年敗耆國……明年伐邗，明年伐崇侯虎，而作豐邑……明年，西伯崩。」《左傳·襄公三十一年》孔穎達《正義》：「《尚書大傳》：『文王一年質虞、芮，二年伐于，三年伐密須，四年伐犬夷，紂乃囚之。』」］。冬十二月，昆夷侵周［《詩·采薇》孔穎達《正義》引《帝王世紀》：「文王受命四年春正月丙子，昆夷侵周，一日三至周之東門。」此在受命三年冬十二月，蓋以殷正差也。」］。

三十五年，遭天之大荒，周大饑［《逸周書・大匡解》：「維周王宅程三年，遭天之大荒。」］。西伯自程遷於豐［《詩・大雅・文王之聲》：「既伐于崇，作邑于豐。」］，作《大匡》，以詔牧其方，三州之侯咸率［據《逸周書・大匡解》］。

三十六年，春正月，諸侯朝於周，遂伐昆夷［《尚書大傳》：「四年，伐畎夷。」雍子曰：畎夷，《詩・小雅・采薇》作「昆夷」。《詩・大雅・緜》作「混夷」。］。

三十七年，周作辟雍［據今本《紀年》。《詩・大雅・文王之聲》：「鎬京辟廱。」《禮記・王制》：「天子命之教，然後爲學。小學在公宮南之左，大學在郊。天子曰辟雍，諸侯曰頖宮。」班固《白虎通・辟雍》：「辟者，璧也。象璧圓又以法天，於雍水側，向教化流行也。」］。

三十九年，大夫甲出奔周［據今本《紀年》。《史記・周本紀》：「辛甲大夫之徒，皆往歸之。」］。

四十年，周作靈臺［據今本《紀年》。《詩・大雅・靈臺》：「經始靈臺。」］。

王使臣膠鬲求玉於周，西伯不與［據今本《紀年》。《韓非子・喻老》：「周有玉版，紂令膠鬲索之，文王不與。」］。及遭紂之亂，膠鬲隱遁爲商，西伯於鬻販魚鹽之中得其人，舉之以爲臣［據《孟子・公孫丑下》《孟子・告子上》《國語・晉語一》《呂覽・誠廉》《呂覽・貴因下》］。

四十一年，春三月，西伯昌薨［據今本《紀年》原注：周文王葬畢，畢西於豐三十里。《漢書·楚元王傳》：「文、武、周公葬於畢。」注：「臣瓚曰：『《汲郡古文》：畢西於豐三十里。』」雍子曰：按《尚書大傳》謂「文王受命……七年而崩」，不可信也。丁山《商周史料考證》亦有異議，謂：「據《左傳》測之，文王時方囚於羑里，此可疑者一。」文王之死，史書未詳，蓋難考證也。］。

四十二年［據今本《紀年》原注：周武王元年。］，西伯發既踐祚，使叔旦就膠鬲於次四内，而與之盟。曰：「加富三等，就官一列。爲三書，同辭，血之以牲，埋一於四内，皆以一歸［據《吕覽·誠廉》］。」膠鬲乃賜貝於西伯發［《尊銘》：「鬲錫貝于王，用作父甲寶尊彝。」（《周金文存》五、一一）］。

太公望齊之逐夫，東夷之士［據《吕覽·首時》：「太公望，東夷之士也。」］，朝歌之廢屠［據《戰國策·秦策五》：「太公望齊之逐夫，朝歌之廢屠。」］。迺辟紂，居東海之濱。聞文王作，興曰：「盍歸乎來！吾聞西伯善養老者［據《孟子·離婁上》］。」西伯發受丹書於吕尚［《大戴禮記》：「武王踐阼三日……召師尚父而問焉。曰：『昔黄帝、顓頊之道存乎？……』師尚父曰：『在丹書。』」］。

四十三年，春，大閱［據今本《紀年》。雍子曰：檢閱部曲曰大閱。《左傳·桓公六年》：「秋，大閱，簡車馬也。」］。嶢山崩，薄落水涸［《淮南子·俶真訓》：「逮至夏桀、殷紂……嶢山崩，三川涸。」又《覽冥訓》：「嶢山崩而薄落之水涸。」]。

四十四年，西伯發伐黎［據今本《紀年》］。西伯既戡黎，逼近殷都。祖伊恐，奔告於紂王曰：「天子！天既訖我殷命，格人元龜，罔敢知吉。非先王不相我後人；惟王淫戲，用自絕。故天棄我，不有安食，不虞知天性，不迪率典。今我民罔弗欲喪，曰：『天曷不降威，大命不摯。』今王其如臺？」紂曰：「我生不有命在天乎！」祖伊返，曰：「嗚呼！紂不可諫矣。乃罪多參在上，乃能責命於天？殷之即喪，指乃功。不無戮於爾邦」［據《書·西伯戡黎》《史記·殷本紀》］。

呂尚謀合夷伯、膠鬲亂東夷，以牽制殷王之師。夷方叛亂於東，江漢之區亦叛殷而歸周。時帝辛所有者，僅河內之王畿，與汳睢流域之商丘，危乎旦夕［據丁山《商周史料考證》］。

四十七年，內史向摯出奔周［據今本《紀年》。《呂覽·先識覽》：「殷內史向摯見紂之愈亂迷惑也，於是載其圖法，出亡之周。」］。

四十八年，夷羊見［據今本《紀年》。《國語·周語上》：「其亡也，夷羊在牧。」］。是年，二日並出［《通鑑外紀》：「紂即位以來，兩日並見。」］。

五十一年，一月戊午，周師渡孟津〔《書・泰誓上》：「惟十有一年，武王伐殷。一月戊午，師渡孟津。」又《武成》：「既戊午，師逾孟津。」〕。至庚申，二月朔日也。四月癸亥，至牧野，夜陳〔據《三統》《世經》。〕。冬十一月丁亥，歲在鶉火，月在天駟，日在析木之津〔據《國語・周語》〕，西伯發將伐紂。戊子，東面而迎歲，西伯發起兵東伐。諸侯叛殷會周者八百。諸侯皆曰：「紂可伐矣。」西伯發曰：「爾未知天命。」乃復歸〔據《史記・殷本紀》〕。紂愈淫亂不止。微子數諫不聽，乃與父師、少師謀〔據《史記・殷本紀》。雍子曰：「父師」爲「大師」，乃太史公之誤也。〕。微子曰：「父師、少師，殷其弗或亂正四方？我祖厎遂陳於上。我用沈酗於酒，用亂敗其德於下，殷罔不小大，好草竊奸宄，卿士師師非度。凡有辜罪，乃罔恒獲，小民方興，相爲敵讎。今殷其淪喪，若涉大水，其無津涯。殷遂喪，越至於今。」復咨嗟不已，曰：「父師、少師，我其發出狂，吾家耄，遜於荒。今爾無指告予，顛隮，若之何其〔據《書・微子》〕？」微子乃出奔。比干「爲人臣者，不得不以死爭」。乃强諫紂。紂怒曰：「吾聞聖人心有七竅。」乃剖比干，觀其心。箕子懼，乃佯狂爲奴，紂又囚之〔《論語・微子》：「微子去之，箕子爲奴，比干諫而死。」〕。殷之父師、少師乃持其祭樂器奔周〔《書・微子》：「微子若曰：『父師、少師。』」孔安國傳：「父師、太師，三公，箕子也；少師，孤卿，比干。」〕。周武王遂距之牧野〔據《史記·殷本紀》〕。乙巳，朔，星在天黿〔據《國語·周語》〕。周始伐殷〔《唐書·曆志》引《紀年》：「武王十一年庚寅，周始伐商。」〕。辛酉朔，周師次於鮮原〔《逸周書·和寤解》：「王乃出圖商，至於鮮原。」〕。冬，十有二月，周師有事於上帝，底商之罪，告於皇天后土。

五十二年，甲子昧爽，歲星當空〔據《利簋銘文》：「歲鼎克聞夙有商。」《書·武成》：「甲子昧爽，受率其旅若林，會于牧野。」雍子曰：《逸周書·世俘解》之説亦同。〕。武王朝至於商郊牧野，迺誓。武王左杖黃鉞，右秉白旄以麾。曰：「逖矣，西土之人〔據《書·牧誓》〕！」武王曰：「嗟！我友邦冢君，御事，司徒、司馬、司空、亞旅、師氏，千夫長、百夫長，及庸、蜀、羌、髳、微、盧、彭、濮人。稱爾戈，比爾干，立爾矛，予其誓〔據《書·牧誓》〕。」

庸、蜀、羌、髳、微、盧、彭、濮從周師伐殷。武王曰：

武王曰：「古人有言曰：『牝雞無晨，牝雞之晨，惟家之索。』今商王受，惟婦言是用，昏棄厥肆祀，弗答；昏棄厥遺王父母弟，不迪；乃惟四方之多罪逋逃，是崇是長，是信是使，是以爲大夫卿士，俾暴虐於百姓，以奸宄於商邑。今予發，惟恭行天之罰。今日之事，不愆於六步、七步，乃止，齊焉。勖哉夫子！不愆於四伐、五伐、六伐、七伐，乃止，齊焉。勖哉夫子！尚桓桓，如虎如貔，如熊如羆，於商郊。弗迓克奔，以役西土。勖哉夫子！爾所弗勖，其於爾躬有戮［據《書・牧誓》］！」武王乃尊文王。遂率戎車三百乘陳於牧野，虎賁三千人，以東伐紂，帝辛從。

紂伐東夷，夷方授首，乃銘厥功，煊奕一時。紂有夷人，離心離德［據《左傳・昭公二十四年》：「《大誓》曰：『紂有億兆夷人，離心離德。』」］，百克而卒無後［據《左傳・宣公十二年》：「紂之百克，而卒無後。」］。紂聞武王來，發兵七十萬距武王［據《史記・周本紀》］。殷商之旅，其旝如林，矢於牧野，維予侯興［據《詩・大雅・大明》］。乃乘克夷之威，將率天下甲百萬，左飲於淇溪，右飲於洹谿，淇水竭而洹水不流，以與周武王爲難。時殷商勤王之師［據《韓非子・初見秦》：「將率天下甲兵百萬，左飲於淇溪，右飲於洹谿，淇水竭而洹水不流，以與周武王爲難。」《戰國策・秦策》同。］，有方來、越、戲方、靡、集、衛、宣方、蜀、厲、佚侯諸國［甲骨卜辭：「□巳卜，□戊方□，叀小宰。」（《殷虛書契續編》二、二一、一一）「戊子，卜，𡧊貞，𡧊其專伐。」（《鐵雲藏龜》二一六、三〇，《殷契粹編》一一二一）「貞，戊其梟。」（《龜甲獸骨文字》二、一八、二〇）「貞，戊弗其臤。」（《鐵雲藏龜》一三二、三）丁山《商周史料考證》一八五葉云：「戊方，當即《世俘》所稱的越戲方。」「貞，方來入邑，今夕，弗𢦏王師。」（《燕京大學藏殷契卜辭》八九）「甲申，于河告方來。〇壬辰令馬。」（《殷虛書契後編》上、六、五）「其又宣，叀……」（《殷虛書契續編》六、二〇、一二）「𡘊，从宣方。」（《殷虛書契後編》上、二四、七）］。

武王將素甲三千而伐殷［據《戰國策・秦策一》］。當武王咸劉商王紂之日，殷商諸侯多舉師勤武王，勤王主帥有太公望、吕他、荒新、侯來、百弇、百韋、陳本、霍侯、艾侯［據《逸周書・世俘》：「太公望命禦方來。丁卯，望至，告以馘俘。」「吕他命伐越戲方。壬申，荒新至，告以馘俘。」「侯來命伐靡集于陳。辛巳至，告以馘俘。」「甲申，百弇以虎賁誓，命伐衛，告以馘俘。」「庚子，陳本命伐磨，百韋命伐宣方，新荒命伐蜀。乙巳，陳本新荒［以］蜀磨至，告禽。百韋至，告以禽宣方。禽禦三十兩，告以馘俘。」「百韋命伐厲，告以馘俘。」「霍侯艾侯俘佚侯小臣四十有六，禽禦八百有三兩，告以馘俘。」］。武王統師戰一日，商師大崩，而破紂之國［據《戰國策》《逸周書・克殷解》］。

紂禦周師於懷城殷，兵敗而走檀邑南單［丁山《商周史料考證》云：「南單之臺，《水經注》謂即鹿臺。由帝辛禦周師於懷城殷的史實測之，其所自焚的南單鹿臺，宜即檀伯所受封的檀邑，正與懷城殷相近。」］，入登鹿臺，衣其寶玉衣，赴火而死。周武王遂斬紂頭，縣之大白旗，妲己及嬖妾自縊。命召公釋箕子之囚，命畢公、衛叔出百姓之囚［據《史記・殷本紀》《逸周書・克殷解》］。命閎夭封比干之墓，又表商容之閭。乃命南宮忽振鹿臺之財、巨橋之粟。乃命南宮百達、史佚遷九鼎三巫。乃命宗祝崇賓饗禱之於軍。封紂子武庚禄父，以續殷祀［據《史記・殷本紀》《逸周書・克殷解》］。建管叔於東，建蔡叔、霍叔於殷，俾監殷臣［據《逸周書・作雒解》］。

令修行盤庚之政，殷民大悦。

於是周武王爲天子。其後世貶帝號，號爲王。而封後爲諸侯，屬周〔據《史記·殷本紀》〕。

湯滅夏以至於紂，凡十七代，三十王，歷六百三十二年。自盤庚遷殷，至紂之滅，積歲二百七十三年〔據綜合《紀年》説。羅振玉《殷虚書契考釋三種》九七葉云：「商自武湯逮于受辛，史公所録爲世三十，見於卜辭者二十有三。史稱大丁未立，而卜辭所載禮祀，儼同於帝王。」〕。

引用書目文獻

太平御覽　宋李昉撰　中華書局

竹書紀年統箋　清徐文靖撰　浙江書局刊本

今本竹書紀年疏證　王國維撰　中華書局

竹書紀年　方詩銘　王修齡古本竹書紀年輯證　上海古籍出版社

史記　漢司馬遷撰　宋裴駰集解　唐司馬貞索隱　張守節正義　中華書局標點本

商周史料考證丁山著　國家圖書館出版社
楚辭章句漢王逸撰　上海古籍出版社
吕覽秦吕不韋撰　清高誘訓解　經訓堂叢書本
帝王世紀晉皇甫謐撰　清宋翔鳳集校　訓纂堂叢書本
毛詩漢毛亨傳　鄭玄箋　四部叢刊本
毛詩正義（十三經注疏）唐孔穎達撰　清阮元編　中華書局影印本
淮南子漢劉安撰　高誘注　四部叢刊本
禮記漢戴聖撰　鄭玄注　四部叢刊本
墨子舊題周墨翟撰　清孫詒讓閒詁　涵芬樓影印本
晏子春秋撰人不詳　平津館叢書本
説苑漢劉向撰　四部叢刊本
新序漢劉向撰　四部叢刊本
括地志唐李泰撰　中華書局
太公六韜舊題太公望　鬼谷子撰　中華書局影印本

唐書晉劉昫撰　百衲本
晉書唐房喬等撰　適園叢書本
集韻宋丁度等撰　中華書局
急就篇漢史游著　中華書局
説林戰國韓非子撰　商務印書館
周易魏王弼　晉韓康伯注　四部叢刊本
周易正義唐孔穎達撰　中華書局影印本
漢書漢班固撰　唐顔師古注　百衲本
國語吴韋昭注　士禮居叢書本
文選南朝梁蕭統編　中華書局影印本
韓非子周韓非撰　清王先慎集解　清光緒長沙思賢講舍刊本
水經注北魏酈道元撰　中華書局
管子舊題周管仲撰　四部叢刊本
殷曆譜董作賓撰　秦始皇兵馬俑博物館藏董作賓手批本

尚書大傳漢伏勝撰　鄭玄注　清陳壽祺輯　四部叢刊本
逸周書晉孔晁注　清康熙刊本
逸周書晉孔晁注　四部叢刊本
左傳舊題周左丘明撰　晉杜預注　四部叢刊本
藝文類聚唐歐陽詢撰　中華書局
白虎通漢班固輯　四部叢刊本
孟子孟軻撰　中華書局
大戴禮記漢戴德撰　周盧辯注　雅雨堂刊本
通鑑外紀宋劉恕撰　元胡三省注　清胡克家補注　世界書局
論語魏何晏集解　四部叢刊本
三統漢董仲舒撰　中華書局
世經漢劉歆撰　中華書局
利簋銘文　拓影本
戰國策漢劉向撰　中華書局

商周史料考證丁山著　國家圖書館出版社
殷虛書契考釋三種羅振玉著　上海古籍出版社
周原甲骨叢一萍著　台北藝文印書館一九八〇年版
夏商周斷代工程一九九六—二〇〇〇年階段成果報告　世界圖書出版公司

殷商紀年表

公元前	干支	年號	在位年數
一六七八	癸亥	成湯 成湯，名大乙。父主癸。廟號唐。	元年 據《新唐書·曆志》：「（張説《五星議》：）『……成湯伐桀，歲在壬戌，其明年……湯始建國爲元祀。』」王國維《今本竹書紀年疏證》同。《史記·殷本紀》《史記·三代世表》《漢書·古今人表》：「主癸子。」
一六七七	甲子		二
一六七六	乙丑		三
一六七五	丙寅		四
一六七四	丁卯		五
一六七三	戊辰		六
一六七二	己巳		七

續表

公元前	干支	年號	在位年數
一六七一	庚午		八
一六七〇	辛未		九
一六六九	壬申		一〇
一六六八	癸酉		一一
一六六七	甲戌		一二 據《今本竹書紀年疏證》：「湯在天子位凡十二年。」
一六六六	乙亥	外丙 外丙，名勝。成湯之子。	元年 據今本《紀年》。 《史記·殷本紀》云：「太子太丁未立而卒，於是立太丁之弟外丙。」
一六六五	丙子		二

公元前	干支	年號	在位年數
一六六四	丁丑	仲壬 仲壬，名庸。外丙之弟。	元年 據《今本竹書紀年疏證》：「《孟子·萬章上》：『外丙二年。』《史記》同。」
一六六三	戊寅		二
一六六二	己卯		三
一六六一	庚辰		四
一六六〇	辛巳	太甲 太甲，名至。成湯之孫。 廟號太宗。	元年 據今本《紀年》。 據《史記·殷本紀》：「伊尹迺立太丁之子太甲……是爲帝太甲。」 據《三代世表》《古今人表》：「太甲，大丁子。」
一六五九	壬午		二

公元前	干支	年號	在位年數
一六五八	癸未		三
一六五七	甲申		四
一六五六	乙酉		五
一六五五	丙戌		六
一六五四	丁亥		七
一六五三	戊子		八
一六五二	己丑		九
一六五一	庚寅		一〇
一六五〇	辛卯		一一
一六四九	壬辰		一二

續表

公元前	干支	年號	在位年數
一六四八	癸巳	沃丁 沃丁，名絢。太甲之子。	元年 據今本《紀年》。 據《史記·殷本紀》：「太宗崩，子沃丁立。」 據《三代世表》《古今人表》：「大甲子。」
一六四七	甲午		二
一六四六	乙未		三
一六四五	丙申		四
一六四四	丁酉		五
一六四三	戊戌		六
一六四二	己亥		七
一六四一	庚子		八

續表

公元前	干支	年號	在位年數
一六四〇	辛丑		九
一六三九	壬寅		一〇
一六三八	癸卯		一一
一六三七	甲辰		一二
一六三六	乙巳		一三
一六三五	丙午		一四 據《皇極經世書》：「商王沃丁十四年。」
一六三四	丁未	小庚 小庚，名辨。沃丁之弟。廟號大庚。	元年 據今本《紀年》。 據《史記·殷本紀》：「沃丁崩，弟太庚立，是爲帝太庚。」按：太庚，乃小庚之訛。 據《三代世表》《古今人表》：「沃丁弟。」
一六三三	戊申		二

公元前	干支	年號	在位年數
一六三二	己酉		三
一六三一	庚戌		四
一六三〇	辛亥		五
一六二九	壬子		六
一六二八	癸丑		七
一六二七	甲寅		八
一六二六	乙卯		九
一六二五	丙辰		一〇
一六二四	丁巳		一一
一六二三	戊午		一二

續表

公元前	干支	年號	在位年數
一六二二	己未		一三
一六二一	庚申		一四
一六二〇	辛酉		一五 據《皇極經世書》：「商王太庚十五年。」
一六一九	壬戌	小甲 小甲，名高。小庚之子。廟號大庚。	元年 據《史記·殷本紀》：「帝太庚崩，子帝小甲立。」據《三代世表》《古今人表》：「大庚子。」按：大庚，乃其廟號。
一六一八	癸亥		二
一六一七	甲子		三
一六一六	乙丑		四
一六一五	丙寅		五

續表

公元前	干支	年號	在位年數
一六一四	丁卯		六
一六一三	戊辰		七
一六一二	己巳		八
一六一一	庚午		九
一六一〇	辛未		一〇
一六〇九	壬申		一一
一六〇八	癸酉		一二
一六〇七	甲戌		一三
一六〇六	乙亥		一四
一六〇五	丙子		一五

公元前	干支	年號	在位年數
一六〇四	丁丑		一六
一六〇三	戊寅		一七 據《御覽》八三引《史記》：「帝小甲在位十七年。」
一六〇二	己卯	雍己 雍己，名伷。小甲之弟。廟號又。	元年 據《史記·殷本紀》：「帝小甲崩，弟雍己立，是爲帝雍己。」據《三代世表》《古今人表》：「小甲弟。」
一六〇一	庚辰		二
一六〇〇	辛巳		三
一五九九	壬午		四
一五九八	癸未		五
一五九七	甲申		六

公元前	干支	年號	在位年數
一五九六	乙酉		七
一五九五	丙戌		八
一五九四	丁亥		九
一五九三	戊子		一〇
一五九二	己丑		一一
一五九一	庚寅		一二
一五九〇	辛卯		一三 據《通鑑外紀》：「十三年。」
一五八九	壬辰	太戊 太戊，名密，又名蔑。雍己之弟。	元年 據《史記·殷本紀》：「帝雍己崩，弟太戊立，是爲帝太戊。」 據《三代世表》《古今人表》：「雍己弟。」

續表

公元前	干支	年號	在位年數
一五八八	癸巳		二
一五八七	甲午		三
一五八六	乙未		四
一五八五	丙申		五
一五八四	丁酉		六
一五八三	戊戌		七
一五八二	己亥		八
一五八一	庚子		九
一五八〇	辛丑		一〇
一五七九	壬寅		一一

續表

公元前	干支	年號	在位年數
一五七八	癸卯		一二
一五七七	甲辰		一三
一五七六	乙巳		一四
一五七五	丙午		一五
一五七四	丁未		一六
一五七三	戊申		一七
一五七二	己酉		一八
一五七一	庚戌		一九
一五七〇	辛亥		二〇
一五六九	壬子		二一

公元前	干支	年號	在位年數
一五六八	癸丑		二二
一五六七	甲寅		二三
一五六六	乙卯		二四
一五六五	丙辰		二五
一五六四	丁巳		二六
一五六三	戊午		二七
一五六二	己未		二八
一五六一	庚申		二九
一五六〇	辛酉		三〇
一五五九	壬戌		三一

續表

公元前	干支	年號	在位年數
一五五八	癸亥		三二
一五五七	甲子		三三
一五五六	乙丑		三四
一五五五	丙寅		三五
一五五四	丁卯		三六
一五五三	戊辰		三七
一五五二	己巳		三八
一五五一	庚午		三九
一五五〇	辛未		四〇
一五四九	壬申		四一

續表

一五四八	癸酉		四二
一五四七	甲戌		四三
一五四六	乙亥		四四
一五四五	丙子		四五
一五四四	丁丑		四六
一五四三	戊寅		四七
一五四二	己卯		四八
一五四一	庚辰		四九
一五四〇	辛巳		五〇
一五三九	壬午		五一 據《皇極經世書》：「商王太戊五十一年。」按：太戊非中宗，中宗乃祖乙之廟號。

公元前	干支	年號	在位年數
一五三八	癸未	仲丁 仲丁，名莊。太戊之子。廟號中丁。	元年 據《史記·殷本紀》：「中宗崩，子帝中丁立。」據甲骨卜辭考證，祖乙廟號爲中宗。據《三代世表》：「大戊子。」
一五三七	甲申		二
一五三六	乙酉		三
一五三五	丙戌		四
一五三四	丁亥		五
一五三三	戊子		六
一五三二	己丑		七
一五三一	庚寅		八

續表

公元前	干支	年號	在位年數
一五三〇	辛卯		九
一五二九	壬辰		一〇
一五二八	癸巳		一一 據《御覽》八三引《紀年》：「帝仲丁在位十一年。」
一五二七	甲午	外壬 外壬，名發。仲丁之弟。	元年 據《史記·殷本紀》：「帝中丁崩，弟外壬立，是爲帝外壬。」 據《三代世表》《古今人表》：「中丁弟。」按：中丁，乃仲丁之廟號。
一五二六	乙未		二
一五二五	丙申		三
一五二四	丁酉		四

公元前	干支	年號	在位年數
一五二三	戊戌		五
一五二二	己亥		六
一五二一	庚子		七
一五二〇	辛丑		八
一五一九	壬寅		九
一五一八	癸卯		一〇 據今本《紀年》：「十年，陟。」
一五一七	甲辰	河亶甲 河亶甲，名整，又名戔。外壬之弟。	元年 據《史記·殷本紀》：「帝外壬崩，弟河亶甲立，是爲帝河亶甲。」據《三代世表》《古今人表》：「外壬弟。」
一五一六	乙巳		二

續表

公元前	干支	年號	在位年數
一五一五	丙午		三
一五一四	丁未		四
一五一三	戊申		五
一五一二	己酉		六
一五一一	庚戌		七
一五一〇	辛亥		八
一五〇九	壬子		九 據《御覽》八三引《史記》：「河亶甲在位九年。」《通鑑外紀》同。
一五〇八	癸丑	祖乙 祖乙，名滕，又名朕。河亶甲之子。廟號中宗。	元年 據《史記·殷本紀》：「河亶甲崩，子帝祖乙立。」 據《三代世表》：「河亶甲子。」

續表

公元前	干支	年號	在位年數
一五〇七	甲寅		二
一五〇六	乙卯		三
一五〇五	丙辰		四
一五〇四	丁巳		五
一五〇三	戊午		六
一五〇二	己未		七
一五〇一	庚申		八
一五〇〇	辛酉		九
一四九九	壬戌		一〇
一四九八	癸亥		一一

續表

公元前	干支	年號	在位年數
一四九七	甲子		二
一四九六	乙丑		三
一四九五	丙寅		四
一四九四	丁卯		五
一四九三	戊辰		六
一四九二	己巳		七
一四九一	庚午		八
一四九〇	辛未		九
一四八九	壬申		二〇
一四八八	癸酉		二一

續表

公元前	干支	年號	在位年數
一四八七	甲戌		二二
一四八六	乙亥		二三
一四八五	丙子		二四
一四八四	丁丑		二五
一四八三	戊寅		二六
一四八二	己卯		二七
一四八一	庚辰		二八
一四八〇	辛巳		二九
一四七九	壬午		三〇
一四七八	癸未		三一

續表

公元前	干支	年號	在位年數
一四七七	甲申		三二
一四七六	乙酉		三三
一四七五	丙戌		三四
一四七四	丁亥		三五
一四七三	戊子		三六
一四七二	己丑		三七
一四七一	庚寅		三八
一四七〇	辛卯		三九
一四六九	壬辰		四〇
一四六八	癸巳		四一

公元前	干支	年號	在位年數
一四六七	甲午		四二
一四六六	乙未		四三
一四六五	丙申		四四
一四六四	丁酉		四五
一四六三	戊戌		四六
一四六二	己亥		四七
一四六一	庚子		四八
一四六〇	辛丑		四九
一四五九	壬寅		五〇
一四五八	癸卯		五一

續表

公元前	干支	年號	在位年數
一四五七	甲辰		五二
一四五六	乙巳		五三
一四五五	丙午		五四
一四五四	丁未		五五
一四五三	戊申		五六
一四五二	己酉		五七
一四五一	庚戌		五八
一四五〇	辛亥		五九
一四四九	壬子		六〇
一四四八	癸丑		六一

公元前	干支	年號	在位年數
一四四七	甲寅		六二
一四四六	乙卯		六三
一四四五	丙辰		六四
一四四四	丁巳		六五
一四四三	戊午		六六
一四四二	己未		六七
一四四一	庚申		六八
一四四〇	辛酉		六九
一四三九	壬戌		七〇
一四三八	癸亥		七一

公元前	干支	年號	在位年數
一四三七	甲子		七二
一四三六	乙丑		七三
一四三五	丙寅		七四
一四三四	丁卯		七五 據王國維《今本竹書紀年疏證》：「案：《御覽》引《紀年》：『祖乙滕即位，是爲中宗。』」按：《御覽》八三引《史記》：「中宗在位七十有五年崩。」
一四三三	戊辰	祖辛 祖辛，名旦，又名彈。祖乙之子。	元年 據《史記·殷本紀》：「祖乙崩，子帝祖辛立。」 據《三代世表》《古今人表》：「祖乙子。」
一四三二	己巳		二

公元前	干支	年號	在位年數
一四三一	庚午		三
一四三〇	辛未		四
一四二九	壬申		五
一四二八	癸酉		六
一四二七	甲戌		七
一四二六	乙亥		八
一四二五	丙子		九
一四二四	丁丑		一〇
一四二三	戊寅		一一
一四二二	己卯		一二

續表

公元前	干支	年號	在位年數
一四二一	庚辰		一三
一四二〇	辛巳		一四
一四一九	壬午		一五
一四一八	癸未		一六 據《御覽》八三引《史記》：「祖辛在位十六年。」《通鑑外紀》同。
一四一七	甲申	開甲 開甲，名踰。祖辛之弟。	元年 據《史記·殷本紀》：「帝祖辛崩，弟沃甲立。」按：沃甲，《系本》作開甲。據《三代世表》《古今人表》：「祖辛弟。」
一四一六	乙酉		二
一四一五	丙戌		三

公元前	干支	年號	在位年數
一四一四	丁亥		四
一四一三	戊子		五
一四一二	己丑		六
一四一一	庚寅		七
一四一〇	辛卯		八
一四〇九	壬辰		九
一四〇八	癸巳		一〇
一四〇七	甲午		一一
一四〇六	乙未		一二
一四〇五	丙申		一三

續表

公元前	干支	年號	在位年數
一四〇四	丁酉		一四
一四〇三	戊戌		一五
一四〇二	己亥		一六
一四〇一	庚子		一七
一四〇〇	辛丑		一八
一三九九	壬寅		一九
一三九八	癸卯		二〇 據《通鑑外紀》：「在位二十年。」
一三九七	甲辰	祖丁 祖丁，名新。祖辛之子。廟號窬。	元年 據《史記·殷本紀》：「帝沃甲崩，立沃甲兄祖辛之子祖丁，是爲帝祖丁。」 據《三代世表》《古今人表》：「祖辛子。」

公元前	干支	年號	在位年數
一三九六	乙巳		二
一三九五	丙午		三
一三九四	丁未		四
一三九三	戊申		五
一三九二	己酉		六
一三九一	庚戌		七
一三九〇	辛亥		八
一三八九	壬子		九
一三八八	癸丑		一〇
一三八七	甲寅		一一

續表

公元前	干支	年號	在位年數
一三八六	乙卯		二
一三八五	丙辰		三
一三八四	丁巳		四
一三八三	戊午		五
一三八二	己未		六
一三八一	庚申		七
一三八〇	辛酉		八
一三七九	壬戌		九
一三七八	癸亥		二〇
一三七七	甲子		二一

續表

公元前	干支	年號	在位年數
一三七六	乙丑		二二
一三七五	丙寅		二三
一三七四	丁卯		二四
一三七三	戊辰		二五
一三七二	己巳		二六
一三七一	庚午		二七
一三七〇	辛未		二八
一三六九	壬申		二九
一三六八	癸酉		三〇
一三六七	甲戌		三一

公元前	干支	年號	在位年數
一三六六	乙亥		三二 據《御覽》八三引《史記》：「祖丁在位三十二年。」《通鑑外紀》同。
一三六五	丙子	南庚 南庚，名更，又名㒳。開甲之子。	元年 據《史記·殷本紀》：「帝祖丁崩，立弟沃甲之子南庚，是爲帝南庚。」據《三代世表》《古今人表》：「沃甲子。」
一三六四	丁丑		二
一三六三	戊寅		三
一三六二	己卯		四
一三六一	庚辰		五
一三六〇	辛巳		六

公元前	干支	年號	在位年數
一三五九	壬午		七
一三五八	癸未		八
一三五七	甲申		九
一三五六	乙酉		一〇
一三五五	丙戌		一一
一三五四	丁亥		一二
一三五三	戊子		一三
一三五二	己丑		一四
一三五一	庚寅		一五
一三五〇	辛卯		一六

續表

公元前	干支	年號	在位年數
一三四九	壬辰		一七
一三四八	癸巳		一八
一三四七	甲午		一九
一三四六	乙未		二〇
一三四五	丙申		二一
一三四四	丁酉		二二
一三四三	戊戌		二三
一三四二	己亥		二四
一三四一	庚子		二五
一三四〇	辛丑		二六

公元前	干支	年號	在位年數
一三三九	壬寅		二七
一三三八	癸卯		二八
一三三七	甲辰		二九 據《御覽》八三引《史記》：「南庚在位二十九年。」《通鑑外紀》同。
一三三六	乙巳	陽甲 陽甲（和甲），名和，又名羊甲。祖丁之子。	元年 據《史記·殷本紀》：「帝南庚崩，立帝祖丁之子陽甲，是爲帝陽甲。」 據《三代世表》《古今人表》：「祖丁子。」
一三三五	丙午		二
一三三四	丁未		三
一三三三	戊申		四

續表

公元前	干支	年號	在位年數
一三三二	己酉		五
一三三一	庚戌		六
一三三〇	辛亥		七
一三二九	壬子		八
一三二八	癸丑		九
一三二七	甲寅		一〇
一三二六	乙卯		一一
一三二五	丙辰		一二
一三二四	丁巳		一三
一三二三	戊午		一四

公元前	干支	年號	在位年數
一三二三	己未		一五
一三二二	庚申		一六
一三二〇	辛酉		一七 據《御覽》八三引《史記》：「陽甲在位十七年。」又引《帝王世紀》：「十七年。」
一三一九	壬戌	盤庚 盤庚，名旬，字多父。陽甲之弟。	元年 據《史記·殷本紀》：「帝陽甲崩，弟盤庚立，是爲帝盤庚。」 據《三代世表》《古今人表》：「陽甲弟。」
一三一八	癸亥		二
一三一七	甲子		三
一三一六	乙丑		四

公元前	干支	年號	在位年數
一三一五	丙寅		五
一三一四	丁卯		六
一三一三	戊辰		七
一三一二	己巳		八
一三一一	庚午		九
一三一〇	辛未		一〇
一三〇九	壬申		一一
一三〇八	癸酉		一二
一三〇七	甲戌		一三
一三〇六	乙亥		一四

公元前	干支	年號	在位年數
一三〇五	丙子		一五
一三〇四	丁丑		一六
一三〇三	戊寅		一七
一三〇二	己卯		一八
一三〇一	庚辰		一九
一三〇〇	辛巳		二〇
一二九九	壬午		二一
一二九八	癸未		二二
一二九七	甲申		二三
一二九六	乙酉		二四

續表

公元前	干支	年號	在位年數
一二九五	丙戌		二五 據《皇極經世書》：「商王盤庚二十五年。」
一二九四	丁亥	小辛 小辛，名頌。稱龔矧。盤庚之弟。	元年 據《史記·殷本紀》：「帝盤庚崩，弟小辛立，是爲帝小辛。」 據《三代世表》《古今人表》：「盤庚弟。」
一二九三	戊子		二
一二九二	己丑		三 據今本《紀年》：「三年，陟。」
一二九一	庚寅	小乙 小乙，名斂。小辛之弟。	元年 據《史記·殷本紀》：「帝小辛崩，弟小乙立，是爲帝小乙。」 據《三代世表》《古今人表》：「小辛弟。」
一二九〇	辛卯		二
一二八九	壬辰		三

公元前	干支	年號	在位年數
一二八八	癸巳		四
一二八七	甲午		五
一二八六	乙未		六
一二八五	丙申		七
一二八四	丁酉		八
一二八三	戊戌		九
一二八二	己亥		一〇 據今本《紀年》：「十年，陟。」
一二八一	庚子	武丁 武丁，名昭。小乙之子。	元年 據《史記·殷本紀》：「帝小乙崩，子帝武丁立。」 據《三代世表》《古今人表》：「小乙子。」
一二八〇	辛丑		二

續表

公元前	干支	年號	在位年數
二二七九	壬寅		三
二二七八	癸卯		四
二二七七	甲辰		五
二二七六	乙巳		六
二二七五	丙午		七
二二七四	丁未		八
二二七三	戊申		九
二二七二	己酉		一〇
二二七一	庚戌		一一
二二七〇	辛亥		一二

續表

公元前	干支	年號	在位年數
一二六九	壬子		一三
一二六八	癸丑		一四
一二六七	甲寅		一五
一二六六	乙卯		一六
一二六五	丙辰		一七
一二六四	丁巳		一八
一二六三	戊午		一九
一二六二	己未		二〇
一二六一	庚申		二一
一二六〇	辛酉		二二

續表

公元前	干支	年號	在位年數
一二五九	壬戌		二三
一二五八	癸亥		二四
一二五七	甲子		二五
一二五六	乙丑		二六
一二五五	丙寅		二七
一二五四	丁卯		二八
一二五三	戊辰		二九
一二五二	己巳		三〇
一二五一	庚午		三一
一二五〇	辛未		三二

公元前	干支	年號	在位年數
一二四九	壬申		三三
一二四八	癸酉		三四
一二四七	甲戌		三五
一二四六	乙亥		三六
一二四五	丙子		三七
一二四四	丁丑		三八
一二四三	戊寅		三九
一二四二	己卯		四〇
一二四一	庚辰		四一
一二四〇	辛巳		四二

公元前	干支	年號	在位年數
一二三九	壬午		四三
一二三八	癸未		四四
一二三七	甲申		四五
一二三六	乙酉		四六
一二三五	丙戌		四七
一二三四	丁亥		四八
一二三三	戊子		四九
一二三二	己丑		五〇
一二三一	庚寅		五一
一二三〇	辛卯		五二

續表

公元前	干支	年號	在位年數
一二二九	壬辰		五三
一二二八	癸巳		五四
一二二七	甲午		五五
一二二六	乙未		五六
一二二五	丙申		五七
一二二四	丁酉		五八
一二二三	戊戌		五九 據《御覽》八三引《帝王世紀》：「武丁在位五十九年。」 據《夏商周斷代工程一九九六—二〇〇〇年階段成果報告·夏商周年表》：「在位五十九年。」

續表

公元前	干支	年號	在位年數
一二二二	己亥	祖庚 祖庚，名曜。武丁之子。	元年 據甲骨卜辭考證，令叔閏位，未立。 據《史記·殷本紀》：「帝武丁崩，子帝祖庚立。」 據《三代世表》《古今人表》：「武丁子。」
一二二一	庚子		二
一二二〇	辛丑		三
一二一九	壬寅		四
一二一八	癸卯		五
一二一七	甲辰		六
一二一六	乙巳		七 據《御覽》八三引《史記》：「祖庚在位七年。」

公元前	干支	年號	在位年數
一二一五	丙午	祖甲 祖甲，名載。祖庚之弟。廟號舊。	元年 據《史記·殷本紀》：「帝祖庚崩，弟祖甲立，是爲帝甲。」 據《三代世表》《古今人表》：「祖庚弟。」
一二一四	丁未		二
一二一三	戊申		三
一二一二	己酉		四
一二一一	庚戌		五
一二一〇	辛亥		六
一二〇九	壬子		七
一二〇八	癸丑		八

公元前	干支	年號	在位年數
二二〇七	甲寅		九
二二〇六	乙卯		一〇
二二〇五	丙辰		一一
二二〇四	丁巳		一二
二二〇三	戊午		一三
二二〇二	己未		一四
二二〇一	庚申		一五
二二〇〇	辛酉		一六
二一九九	壬戌		一七
二一九八	癸亥		一八

公元前	干支	年號	在位年數
一一九七	甲子		一九
一一九六	乙丑		二〇
一一九五	丙寅		二一
一一九四	丁卯		二二
一一九三	戊辰		二三
一一九二	己巳		二四
一一九一	庚午		二五
一一九〇	辛未		二六
一一八九	壬申		二七
一一八八	癸酉		二八

續表

公元前	干支	年號	在位年數
一一八七	甲戌		二九
一一八六	乙亥		三〇
一一八五	丙子		三一
一一八四	丁丑		三二
一一八三	戊寅		三三 據今、古本《紀年》：「三十三年，陟。」《書·毋逸》：「肆祖甲之享國三十有三年。」
一一八二	己卯	稟辛 稟辛，名先。祖甲之子。	元年 據《史記·殷本紀》：「帝甲崩，子帝廩辛立。」 據《三代世表》《古今人表》：「祖甲子。」
一一八一	庚辰		二
一一八〇	辛巳		三

公元前	干支	年號	在位年數
一一七九	壬午		四
一一七八	癸未		五
一一七七	甲申		六 據《御覽》八三引《史記》：「在位六年。」《皇極經世書》同。
一一七六	乙酉	康丁 康丁，名囂。稟辛之弟。	元年 據《史記·殷本紀》：「帝廩辛崩，弟庚丁立。」按：庚丁，乃康丁之訛。 據《三代世表》《古今人表》：「稟辛弟。按：庚丁，即康丁也。」
一一七五	丙戌		二
一一七四	丁亥		三
一一七三	戊子		四

續表

公元前	干支	年號	在位年數
一一七二	己丑		五
一一七一	庚寅		六
一一七〇	辛卯		七
一一六九	壬辰		八 據今本《紀年》：「八年，陟。」
一一六八	癸巳	武乙 武乙，名瞿。康丁之子。	元年 據《史記·殷本紀》：「帝庚丁崩，子帝武乙立。」 據《三代世表》《古今人表》：「庚丁子。」按：庚丁，即康丁也。
一一六七	甲午		二
一一六六	乙未		三
一一六五	丙申		四

公元前	干支	年號	在位年數
一一六四	丁酉		五
一一六三	戊戌		六
一一六二	己亥		七
一一六一	庚子		八
一一六〇	辛丑		九
一一五九	壬寅		一〇
一一五八	癸卯		一一
一一五七	甲辰		一二
一一五六	乙巳		一三
一一五五	丙午		一四

續表

公元前	干支	年號	在位年數
一一五四	丁未		五
一一五三	戊申		六
一一五二	己酉		七
一一五一	庚戌		八
一一五〇	辛亥		九
一一四九	壬子		二〇
一一四八	癸丑		二一
一一四七	甲寅		二二
一一四六	乙卯		二三
一一四五	丙辰		二四

續表

公元前	干支	年號	在位年數
一一四四	丁巳		二五
一一四三	戊午		二六
一一四二	己未		二七
一一四一	庚申		二八
一一四〇	辛酉		二九
一一三九	壬戌		三〇
一一三八	癸亥		三一
一一三七	甲子		三二
一一三六	乙丑		三三
一一三五	丙寅		三四 據《御覽》《皇極經世書》。

續表

公元前	干支	年號	在位年數
一一三四	丁卯	文丁 文丁，名托。武乙之子。	元年 據甲骨卜辭考證，太丁閏位，未立。 據《史記·殷本紀》：「武乙震死，子帝太丁立。」按：太丁，乃文丁之訛。 據《三代世表》《古今人表》：「武乙子。」
一一三三	戊辰		二
一一三二	己巳		三
一一三一	庚午		四
一一三〇	辛未		五
一一二九	壬申		六
一一二八	癸酉		七

續表

公元前	干支	年號	在位年數
一一二七	甲戌		八
一一二六	乙亥		九
一一二五	丙子		一〇
一一二四	丁丑		一一 據《夏商周斷代工程一九九六—二〇〇〇年階段成果報告·夏商周年表》：「在位十一年。」
一一二三	戊寅	帝乙 帝乙，名羨。文丁之子。	元年 據《史記·殷本紀》：「帝太丁崩，子帝乙立。」 據《三代世表》《古今人表》：「大丁子。」按：大丁，文丁之訛。
一一二二	己卯		二
一一二一	庚辰		三

續表

公元前	干支	年號	在位年數
一一二〇	辛巳		四
一一一九	壬午		五
一一一八	癸未		六
一一一七	甲申		七
一一一六	乙酉		八
一一一五	丙戌		九
一一一四	丁亥		一〇
一一一三	戊子		一一
一一一二	己丑		一二
一一一一	庚寅		一三

續表

公元前	干支	年號	在位年數
一一一〇	辛卯		一四
一一〇九	壬辰		一五
一一〇八	癸巳		一六
一一〇七	甲午		一七
一一〇六	乙未		一八
一一〇五	丙申		一九
一一〇四	丁酉		二〇
一一〇三	戊戌		二一
一一〇二	己亥		二二
一一〇一	庚子		二三

公元前	干支	年號	在位年數
一一〇〇	辛丑		二四
一〇九九	壬寅		二五
一〇九八	癸卯		二六　據《夏商周斷代工程一九九六—二〇〇〇年階段成果報告·夏商周年表》：「在位二十六年。」
一〇九七	甲辰	帝辛 帝辛，名受。帝乙少子。	元年　據《史記·殷本紀》：「帝乙崩，子辛立，是爲帝辛。」 據《三代世表》《古今人表》：「帝乙子。」
一〇九六	乙巳		二
一〇九五	丙午		三
一〇九四	丁未		四
一〇九三	戊申		五

續表

公元前	干支	年號	在位年數
一〇九二	己酉		六
一〇九一	庚戌		七
一〇九〇	辛亥		八
一〇八九	壬子		九
一〇八八	癸丑		一〇
一〇八七	甲寅		一一
一〇八六	乙卯		一二
一〇八五	丙辰		一三
一〇八四	丁巳		一四
一〇八三	戊午		一五

續表

公元前	干支	年號	在位年數
一〇八二	己未		一六
一〇八一	庚申		一七
一〇八〇	辛酉		一八
一〇七九	壬戌		一九
一〇七八	癸亥		二〇
一〇七七	甲子		二一
一〇七六	乙丑		二二
一〇七五	丙寅		二三
一〇七四	丁卯		二四

公元前	干支	年號	在位年數
一〇七三	戊辰		二五
一〇七二	己巳		二六
一〇七一	庚午		二七
一〇七〇	辛未		二八
一〇六九	壬申		二九
一〇六八	癸酉		三〇
一〇六七	甲戌		三一
一〇六六	乙亥		三二
一〇六五	丙子		三三

續表

公元前	干支	年號	在位年數
一〇六四	丁丑		三四
一〇六三	戊寅		三五
一〇六二	己卯		三六
一〇六一	庚辰		三七
一〇六〇	辛巳		三八
一〇五九	壬午		三九
一〇五八	癸未		四〇
一〇五七	甲申		四一
一〇五六	乙酉		四二

公元前	干支	年號	在位年數
一〇五五	丙戌		四三
一〇五四	丁亥		四四
一〇五三	戊子		四五
一〇五二	己丑		四六
一〇五一	庚寅		四七
一〇五〇	辛卯		四八
一〇四九	壬辰		四九
一〇四八	癸巳		五〇
一〇四七	甲午		五一

續表

公元前	干支	年號	在位年數
一〇四六	乙未		五二　據今本《紀年》：「五十二年庚寅，周始伐殷。」按：以周始伐商爲庚寅，則與諸王積年不合。

注： 本年表殷王紀年止於公元前一〇四六年，依據《夏商周斷代工程一九九六—二〇〇〇年階段成果報告·夏商周年表》。

跋

夫今去三代遠矣，頗無可徵者。六國分裂之世，奇材固多，史既遭秦燔滅，然魏之竹書發見，使殷史昭然若揭，非此無可徵者。蓋不忍悉棄，參驗出土殷契，考諸遷史，輔諸方國、地望等多重證據移入《殷鑑》，略有增損。太炎先生曰：「史家之自述也，辯必己勝，策必己效。」故余尋討易爲其功，無改斯道，窮殷商之興廢，包舉一代，撰成一書，言必精練，事必該密也。後之識者，若得以觀，洵可慰焉。是書删述甫就，嘗賦一律述懷，今復録之：「藏山幾度夜眈寒，筆續麟編亦足觀。爭若防傾鴖魯器，從知引戒鑄湯盤。用心遠判雌雄手，瀝血孤餘錦繡肝。欲使千秋垂汗簡，彌綸一代後爲歎。」

二〇二一年歲次辛丑夏日雍平撰於右溪草堂